[日] 铃木哲也 著
Tetsuya Suzuki
朱悦玮 译

新消费时代

セゾン堤清二が見た未来

北京时代华文书局

图书在版编目（CIP）数据

新消费时代 /（日）铃木哲也著；朱悦玮译 . 北京：北京时代华文书局，2025.5.
ISBN 978-7-5699-5935-2

I. F713.32

中国国家版本馆 CIP 数据核字第 2025HH1903 号

SAISON TSUTSUMI SEIJI GA MITA MIRAI written by Tetsuya Suzuki
Copyright © 2018 by Nikkei Business Publications, Inc. All rights reserved.
Originally published in Japan by Nikkei Business Publications, Inc.
Simplified Chinese translation rights arranged with Nikkei Business Publications,Inc. through Hanhe International (HK) Co., Ltd.

北京版权局著作权合同登记号 字：01-2020-2212

XINXIAOFEI SHIDAI

出 版 人：陈　涛
策划编辑：周　磊
责任编辑：周　磊
责任校对：陈冬梅
装帧设计：程　慧　迟　稳
责任印制：刘　银

出版发行：北京时代华文书局 http://www.bjsdsj.com.cn
　　　　　北京市东城区安定门外大街 138 号皇城国际大厦 A 座 8 层
　　　　　邮编：100011　电话：010-64263661　64261528

印　　刷：三河市嘉科万达彩色印刷有限公司
开　　本：880 mm×1230 mm　1/32　　　　成品尺寸：145 mm×210 mm
印　　张：7.5　　　　　　　　　　　　　　字　　数：172 千字
版　　次：2025 年 5 月第 1 版　　　　　　　印　　次：2025 年 5 月第 1 次印刷
定　　价：58.00 元

版权所有，侵权必究
本书如有印刷、装订等质量问题，本社负责调换，电话：010-64267955。

前　言

无印良品、全家（便利店品牌）、PARCO①（帕尔克）、西武百货、西友超市（以下简称"西友"）、LoFt②以及餐饮连锁企业吉野家，这些都是日本人在生活中经常会看到的品牌。

你知道吗？这些品牌曾经都属于一个集团。

为什么在那么多便利店中，只有全家销售无印良品的化妆品和笔记本呢？因为这两个品牌曾经都属于由堤清二一手创建的SAISON集团③（季节集团）。

SAISON集团不仅涉足零售业，还涉足信用卡、保险等金融业，酒店业，休闲娱乐业，食品制造业等。因为堤清二非常重视信息传播，所以广播电台J-WAVE④自从诞生起就和SAISON集团有着

---

① PARCO是日本著名的时尚购物中心，店面坐落于日本各地，是日本全国性的购物中心。PARCO不断向海内外发送时尚信息，为客户提供优质而独特的购物体验。PARCO在意大利语里是"公园"的意思。
② LoFt是日本著名的生活杂货集合店，在日本有超过150家门店，集杂货、美妆、文具等产品于一体。
③ 西武流通集团于1985年改名为SAISON集团，为了便于读者理解，除个别说明之处外，本书统一使用SAISON集团。
④ J-WAVE是一家以日本东京都为主要播放地域的广播电台，以音乐节目为主。

很深的联系。

除此之外，SAISON集团还拥有Cine Saison（季节影业）和PARCO出版社（帕尔克出版社）等与媒体相关的企业，以及美术馆、剧场等机构。

鼎盛时期的SAISON集团拥有大约200家企业，年销售额超过4万亿日元，是和大荣集团[①]齐名的零售集团。

可以说，SAISON集团的历史，就是日本第二次世界大战后零售业的兴衰史。

现在日本的两大零售集团是Seven&i控股[②]和永旺集团[③]，但在20世纪90年代泡沫经济崩溃之前，则是大荣集团和SAISON集团的天下。

SAISON集团涉足的事业范围之广，在日本恐怕无出其右者。

SAISON集团在当时之所以家喻户晓，与其说是因为其规模庞大，不如说是因为其引领消费文化的先进性。

从20世纪70年代到80年代，SAISON集团凭借敏锐的嗅觉参与了许多新兴领域的事业，得到日本社会各界的广泛关注。

在这一点上，SAISON集团与曾经的竞争对手大荣集团，甚至

---

① 大荣集团的前身是一家杂货店，在1972年超越日本三越公司成为日本零售业霸主。2005年12月，大荣集团因为经营不善被日本国有的产业再生机构接管，进行重组，从2015年起成为日本永旺集团的全资子公司。
② Seven&i控股是日本便利店巨头7-11的母公司。
③ 永旺集团是日本著名零售集团公司，为日本最大的百货零售企业之一。

现在的Seven&i控股和永旺集团相比都截然不同。

"不是销售商品，而是销售生活方式""从商品消费到内容消费""不是建造店铺，而是建造街区"，堤清二提出的这些理念，直到现在仍然被零售业、服务业、商业地产开发业等与消费相关的行业所认同。

现在，很多企业尽管采用了各种市场营销的手段，却仍然难以将商品销售出去。因此，堤清二曾经提出的理念又被反复地提了出来。

这是"现代闭塞感"的一种体现，但这也证明堤清二的理念领先于那个时代。这些被诸多行业反复提出的理念，其"根源"究竟来自何处？鲜有人思考过这个问题。

如果我们稍微回顾一下历史，或许能够从堤清二通过SAISON集团开展的事业之中，找出许多能够帮助现代企业打破僵局的启示。

有些乍看起来十分新颖的市场营销方法，实际上SAISON集团早在30多年前就已经用过了。类似的例子不胜枚举。

经济高速发展与SAISON文化

当时，西武百货、PARCO、良品计划等企业通过事业和广告等方式传达给世人的信息，被统称为"SAISON文化"。

战败后的日本人为了脱离贫困的生活，全都拼命地工作。20世纪60年代，日本GDP的增长率有好几年都超过了10%。在如此高速的经济发展过程中，日本举办了东京奥运会，GNP也超过西德成为世界第二。

但1973年爆发的石油危机给飞速发展的日本当头泼了一盆冷水。日本人也终于停下脚步开始冷静地思考：我们确实得到了想要的东西，但什么才是真正意义上富裕的生活呢？

20世纪60年代的"三大件"——彩色电视机、空调、汽车，在当时已经成为每个日本家庭的"标配"，日本人接下来应该追求什么目标呢？

经济高速发展结束之后，很多日本人失去了生活目标，此时的SAISON集团给他们带来了全新的价值观念。

在"团块世代[①]"成长到20多岁时的1973年，时装大楼[②]"涩谷PARCO"在东京涩谷的区役所[③]大道上隆重开业。当时，时装大楼这种商业设施还非常少见。PARCO可以说是这一商业模式的开创者。

---

① "团块世代"指日本在1947年到1949年之间出生的一代人，是日本在第二次世界大战后出现的第一次"婴儿潮"出生的人口，他们被看作是推动日本经济在20世纪60年代中期高速发展的主力。——译者注
② 时装大楼（Fashion Building）意指以时装和生活杂货专卖店为主要承租户的商场大楼。——译者注
③ 役所在历史上指的是进行劳役或服役的场所，在现代的日本，役所指政府机构。区役所是日本地方政府部门，相当于中国的区政府。

前言

涩谷PARCO开业时的广告词"擦肩而过的人都很美 涩谷公园大道"给人留下了深刻的印象。

1970年，富士施乐在广告中提出"从企业战士到美丽人生"的口号，率先觉察到时代的变迁。

一个人就算拼命工作赚钱，也不一定会变得幸福。什么才是人生中最重要的事呢？日本人的生活方式应该发生一些改变。

日本人在第二次世界大战后第一次开始认真地思考人生的意义。这也是日本人价值观的转变期。

涩谷PARCO给出了具体的答案，为失去目标的日本人展示了一种全新的生活方式。除了有面向年轻人的时装品牌之外，涩谷PARCO在开业之初就在顶层设有"西武剧场"，以传播文化信息。涩谷PARCO还将名字听起来有些煞风景的区役所大道改成了"公园大道"，让人产生"只要来到这里，就会有令人期待的好事发生"的感觉。

让消费者知道什么是文化生活

PARCO的广告也十分新颖："模特不能只有外表""时尚不能只有模仿"。这类广告词在年轻消费者群体，尤其是渴望与男性拥有平等地位的年轻女性群体中引起了强烈的反响。

在涩谷PARCO开业两年后的1975年，SAISON集团对西武百货池袋总店进行了大规模改造。当时西武百货池袋总店打出的广告语为:"伸出手,感受全新的我们"。

与此同时,西武百货池袋总店的顶层新开设了"西武美术馆"。在百货商店中开设美术馆可以说是打破业界常识、具有划时代意义的实验。更值得一提的是,堤清二在美术馆中向观众展示的都是走在时代最前沿的现代美术作品。前来参观的观众都受到了巨大的冲击,西武美术馆也成为当时人们讨论的焦点。

SAISON集团这样做有何用意呢?

那就是让一直以来只知工作而与文化无缘的大众也能轻而易举地享受到更加丰富的文化生活。

如果直接这样说,可能使人感觉SAISON集团好像是高高在上的启蒙者。但SAISON集团通过在百货商店中开设美术馆这样一种非常巧妙的方式,将关于文化生活的信息传播了出去。

20世纪80年代,糸井重里[①]创作的文案"自己、新发现"(1980年)和"美味生活"(1982年)都继承了这一理念。

否定品牌的无印良品

SAISON集团不只在繁华的城市中心的百货商店和时装大楼里

---

① 糸井重里是日本著名撰稿人、散文家、艺人、词曲作者。

传达文化和生活方式，还试图改变那些在服装、日用品和食品领域迷信品牌的消费者的价值观。"无印良品"由此而生。

在商品上标明著名的品牌，与商品的价值和生活的幸福感毫无关系。直面这种情况，解答消费者心中的困惑，这就是无印良品的创新之处。20世纪80年代的日本正走向泡沫经济的顶峰，也可以说是品牌崇拜的鼎盛时期，而此时诞生的无印良品却大胆地向"品牌文化"说不。

这也是堤清二向消费者传达的关于"真正的幸福"的信息。

如今大受欢迎的宜家和NITORI[①]（宜得利家居）的家具，共同点就是没有多余装饰的简洁设计以及低廉的价格。这种在欧美被称为"廉价且时尚"（cheap chic）的商品，已经成为简约生活方式的重要支柱。

在日本率先推广这一生活方式的，正是无印良品。无印良品最初是西友超市的自有品牌（Private Brand），很快就遍布日本。

SAISON集团将东京作为传达信息的中心，将西武百货、PARCO、西友、无印良品、LoFt等零售品牌作为与日本各地消费者的连接点。

可以说，SAISON集团启蒙了日本人全新消费文化的价值观。

---

① NITORI是日本最大的家居连锁企业，以"让世界上更多的人享受到与欧美等同的优质居家环境"为目标，让消费者感受一体化家居装潢的乐趣。

为什么要重新审视SAISON集团和堤清二？

21世纪初，SAISON集团解散了。

但从解散后各自独立发展的企业来看，堤清二一手创建起来的SAISON集团的价值却越发明显。

比如诞生于良品计划的无印良品，如今已经发展成为在全世界拥有超过1 300家店铺的全球化企业。

全家算上在海外的7 000多家店铺，也发展成为拥有大约24 000家店铺的超级连锁便利店，在日本国内的便利店行业排名第二。

现在消费市场的领头羊是以亚马逊为代表的IT企业。网络销售和智能手机迅速普及从根本上改变了消费方式。共享经济和私人二手交易等全新的商业模式在全世界范围内方兴未艾。

在这样巨大的变革之中，人们的生活意识和购物方式将会发生什么转变呢？关于这一点，无论是企业还是消费者都难以判断。

像SAISON集团鼎盛的20世纪70年代到80年代那样，一家企业就能启蒙消费者的时代已经一去不复返了。堤清二这样的经营者也并非真的引进了消费文化。

但对堤清二和SAISON集团拥有的特质进行考察和验证，一定能够给我们了解未来的消费方向带来宝贵的启示。

创造新价值的思考力、否定现状的革新力，在充满闭塞感的现代，反思SAISON集团的经营哲学具有非常重要的意义。

堤清二的思想与心理

堤清二于2013年去世，享年86岁。

他与大荣集团的创始人中内功被称为第二次世界大战后日本零售行业的两位巨人。

但除此之外，堤清二其实还有许多不同的侧面。

他以"辻井乔"的笔名倾注在诗歌和小说创作上的热情和心血，丝毫不亚于他在企业经营上的投入。

他还曾经是先锋文学作家、剧作家安部公房和现代音乐家武满彻的资助人，与三岛由纪夫私交甚密。他也是在大学执教的理论家、热衷于商界活动的企业家，在政界拥有广阔的人脉。

到目前为止出版的关于堤清二的书籍，大多聚焦于他和他的父亲堤康次郎以及他同父异母的弟弟堤义明之间的复杂关系和家庭环境，或者是其身为作家的活动。将堤清二看作一名经营者，以客观的视角追踪他的思想和事业的发展，以及他对未来的追求的书籍却少之又少。

本书将以事实为依据，对身为企业家的堤清二进行分析。

堤清二对日本社会影响力最强、最能够打动人心的时期，就是他身为SAISON集团经营者的时候。

本书通过多位相关人士的叙述，以及堤清二开展的多项事业的发展轨迹，刻画了堤清二作为企业家最真实的一面。

为什么堤清二要开创这些事业？

他对新店铺和新商品的创意是如何产生的？

他开展事业和做出经营判断的思想与哲学依据是什么？

本书将根据堤清二本人的发言和亲历过那段历史的证人的回忆，尽可能将焦点集中在堤清二的心理活动、目标以及战略上。

SAISON集团崩溃

当然，堤清二作为企业家失败的一面也不能被忽视。拥有10万名员工的SAISON集团，在泡沫经济崩溃后走向了解体的结局。堤清二光影交错的86年人生，并没有以成功的故事作为结尾。虽然堤清二本人一直到晚年都在与世间的洪流抗争，但最后也弹尽粮绝了。

正因为他的人生既有成功的辉煌，也有失败的挫折，所以更能够给我们带来有关胜利与失败最本质的启示。

1998年到2003年，SAISON集团逐渐陷入困境，最终走向解体。

也是在这一时期，日本长期信用银行破产，宣告了随着泡沫经济崩溃，银行业也遭遇了严重的经营危机。拥有巨额负债的零售、建筑、不动产等行业的经营困难得到日本全社会的广泛关注，其中最能够代表零售行业的大荣集团与SAISON集团的动向更是引发新闻媒体持续报道。

大荣集团和SAISON集团分别是由中内功与堤清二这两位个性

十足的经营者创建起来的集团。这两个集团都因为盲目扩张而让自己陷入绝境，都因为过度融资而与银行团之间展开了难以明辨的斗争。

当时的报纸、杂志、电视等媒体争先恐后地报道关于如何避免SAISON集团"突然死亡"、如何实施重建方案等内容。

应该出售旗下的哪些事业来筹集资金？堤清二和SAISON集团的各企业与银行团之间的谈判是否能够达成共识？

就在各大媒体的报道进入白热化阶段的时候，SAISON集团宣告解体了。

本书将对SAISON集团解体的整个过程进行详细解说。

简单来说，全家被收入伊藤忠商事的旗下；西友卖掉了良品计划；森信托株式会社成为PARCO的控股股东；SAISON集团的核心企业西友也在2002年被美国的沃尔玛收购（2018年夏季，沃尔玛宣布计划出售西友）。

在解体的过程中，SAISON集团旗下的优质企业成了各大企业竞相争夺的猎物。

这说明了SAISON集团旗下的企业具有非常大的魅力，所以才能吸引到这么多优秀的企业前来竞争。

集团解体后引退的堤清二

1998年，我在日本经济新闻社工作时接到对SAISON集团进行采访的任务。四年后，SAISON集团在实际上已经解体了。

我于1993年入职日本经济新闻社，主要报道以零售业为主的消费相关领域的内容。2003年到2007年，我被外派到美国纽约，在此期间，我对当地收购了西友的全世界最大的零售企业沃尔玛进行了采访。2015年，我来到日经BP社[①]，担任《日经商务周刊》的副总编，负责与消费领域相关的内容。

在亲眼见证了SAISON集团解体之后，我又对许多企业和相关行业人士进行了采访。

但随着时间流逝，我越发感觉到自己在对SAISON集团进行采访时似乎遗漏了一些非常重要的内容。

在SAISON集团解体时，各大新闻媒体的记者都对SAISON集团出售旗下企业以及人员调整和重建等内容进行了非常详细的报道。因为这对于当时饱受经济衰退之苦的日本来说具有非常重要的意义。

在这个过程中，身为SAISON集团经营者的堤清二因为背负着巨额债务，被打上了"甲级战犯"的标签。

"一系列企业破产成为泡沫经济崩溃的象征，而堤清二和

[①] 日经BP社成立于1969年4月，隶属于以发布经济信息为主的大型信息机构日本经济新闻集团，是日本规模最大的出版社之一。

SAISON集团则是日本不断发展的消费社会中盛开的'谎言之花'。"各大新闻媒体向社会传达的基本都是这样的信息。

即便到了现在，人们对经营者堤清二和SAISON集团也大多是这样的评价。我本人也是造成这种舆论趋势的参与者之一。

但曾经的采访经验让我深刻地意识到，无论是SAISON集团还是堤清二，都不是这么简单的一句话就能准确评价的。堤清二提出的"SAISON文化"早已潜移默化地根植于日本人的生活之中了。

承担了SAISON集团解体全部责任并从商界引退的堤清二，以及离开了堤清二的掌控之后七零八落的SAISON集团，只用"泡沫经济中的'谎言之花'"就将其埋葬进历史之中，这样做真的合适吗？

阅历越丰富，我就越觉得这个问题值得探究。

预知了现代的课题并为之奋斗的堤清二

堤清二并不算是个成功者。但他开创的诸多事业，直到现在仍然散发出璀璨的光芒。其中不乏在日本经济一线带领零售行业前进的企业。

回顾在诸多与消费相关的商业活动之中留下印记的SAISON集团的历史，我们或许能够发掘出堤清二遗留下来的宝贵财富。

出于上述考量，我再次对曾经在SAISON集团旗下的主要企业中任职过的经营者进行了采访。从2017年11月起,《日经商务周刊》连续10期刊登了名为"堤清二 预知与误判"的系列文章。本书就是根据这一连载大幅修改后完成的。

走在时代前面的SAISON集团的事业,给日本人的意识和消费习惯都带来了巨大的影响,正因为其传达的信息大大地超出了"企业逻辑"和"资本原理"的框架,所以才能深深地打动以"团块世代"为核心的大众的心理。

机器人和人工智能等尖端科技应该如何加以利用?

在技术进步给生活带来便利的同时,人类应该采取怎样的工作方式?

堤清二早在20世纪70年代至80年代,就尝试通过自己开创的事业找出上述课题的"答案"。如今看来,这是非常现代化的课题。

或许,堤清二是从40年之后的未来利用时光机回到昭和时代(1926年至1989年)的经营者。

20世纪90年代以来,全球化资本主义席卷整个世界,"只有能够数字化的利益才是最有价值的"的想法影响了社会的方方面面,给消费文化带来了巨大的冲击。

但堤清二明确地对"只有数字化才能给人类带来富裕和快乐"的价值观提出了异议。毕竟现实世界不是"乌托邦",曾经席卷整个世界的"效率第一"的理念也开始表现出诸多问题。

怎样才能让人们过上充实的生活,享受富裕的人生呢?跟随

SAISON集团的脚步,去探寻堤清二想要找出的"答案",对于全球化经济迎来转型期的现代来说,具有非常重要的意义。

企业存在的意义是什么?如果说让人们生活得更加富裕是企业的职责之一,那么企业现在需要思考的就是什么才是"富裕"。

企业通过经济活动给民众和社会带来富裕。但富裕的定义不只是"物质更加充实",也不只是"生活更加便利"。现代人追求的,是超越物质范畴的全新的"富裕"。

身为经营者的堤清二,将这个理念融入SAISON集团的经营工作之中。在当今这个无法预知未来又充满了不确定因素的时代,堤清二究竟想要对我们传达什么信息呢?

相信在读完本书后,大家能够找到自己满意的答案。

目录

第一章 无印良品
第一节 在伦敦产生的违和感　3
第二节 "独立"　16
第三节 今天的无印良品　28

第二章 西武百货
第一节 革新总是从逆境中开始的　39
第二节 SAISON使文化变得"大众化"　50
第三节 接连挫折之中的先见性　56

第三章 PARCO
第一节 "银座PARCO"的构想　75
第二节 PARCO易手与堤清二奋战　93
第三节 与动漫文化相通的DNA　97

第四章 专卖店

第一节 因为堤清二的一句话而诞生的LoFt　105

第二节 LIBRO的荣耀　111

第三节 堤清二的理念与继承者的奋斗　119

第五章 酒店与休闲娱乐

第一节 堤犹二眼中的堤清二之梦　131

第二节 "共犯"银行突然转变　144

第三节 西武的本源与SAISON集团解体　153

第六章 连锁经营

第一节 收购吉野家的慧眼与矛盾　165

第二节 西友："质贩店"的忧郁　173

第三节 全家：意外的收获　177

第七章 真实的堤清二

第一节 "富家子弟"的大众视角　191

第二节 无法避免成为"穿新衣的国王"　200

第三节 堤清二留下的信息　205

后记　215

第一章
无印良品

无印良品诞生于1980年。这一年，堤清二53岁了。无印良品是堤清二作为经营者在人生的下半场推出的作品。

本书之所以选择无印良品作为开端，是有原因的：无印良品是堤清二思想的结晶，或者说是堤清二的分身。

堤清二在27岁时遵照父亲堤康次郎的命令入职西武百货。此后，除了西友、PARCO等零售事业之外，他还涉足了餐饮、金融、不动产等领域。这一系列事业的终点，就是无印良品。

在西武百货等事业迅速扩大的过程中，堤清二作为将欧洲的高端品牌普及给日本大众的传道士取得了极大的成功。无印良品则是堤清二对自己过去成绩全盘否定的产物。敢于打破现状、否定自我的精神，能够将自我的矛盾升华到更高层次的境界，这就是凝缩在无印良品之中的堤清二的经营哲学。

堤清二坚持的经营哲学奠定了无印良品的基础。考察无印良品诞生与发展的轨迹，我们就能使堤清二这个极为复杂且充满矛盾的经营者的轮廓清晰地浮现出来。

第一节 在伦敦产生的违和感

为否定品牌而生的无印良品最终却成了品牌。

1991年，堤清二在伦敦视察了刚开业不久的无印良品店铺，他的脸上充满了凝重的表情。

这是良品计划在海外开设的第一家店铺。这家店铺位于英国著名的时尚购物街卡纳比街，开业之初就被时尚杂志等媒体大规模报道，很快就吸引了对流行趋势十分敏感的年轻女性的关注。

在无印良品的卖场之中，陈列着文具、收纳用品、服装等品类的商品，但价格都比日本的无印良品高出许多，因为将这些商品从日本运输到英国的物流成本很高。

在堤清二看来，这显然"违背了无印良品的精神"。

只是带了一个LOGO（商标），普通的手提包就能卖上几十万甚至几百万日元，这就是欧洲高端品牌的经营之道。无印良品的初衷是成为品牌消费观念的终结者，然而在伦敦，"无印良品"却成了来自日本的全新品牌。

拒绝品牌化，坚持走"便宜得有道理"的"廉价且时尚"路线，通过自身的努力来降低成本，给海外的消费者带来经济实惠的商品。这正是堤清二坚持的经营理念，突出了无印良品的与众不同之处，为其发展成为日本为数不多的全球化零售企业打下了坚实的基础。

截至2017年底，无印良品的海外店铺数量为457家，超过了日本国内的店铺数量，遍及中国、印度、东南亚、欧洲、美洲、中东等20多个国家和地区。

无印良品自1980年成立以来，就以简约的设计和广告得到消费者的广泛喜爱。因此，尽管其初衷是成为品牌消费观念的终结者，却时刻面对着自身品牌化的危机。

根据良品计划前会长金井政明的回忆，堤清二曾经说过："我自从入职西武百货以来，就一直怀着店铺总有一天会倒闭的恐惧感而拼命挣扎。有人说我在不断地改革，但这其实只是我拼命挣扎的结果而已。我最后抵达的终点，就是无印良品。"

堤清二作为一名经营者，经过不懈努力，终于在年过半百的时候找到了一个"答案"，这句话可以说充满了他对人生的感慨以及对答案的信心。金井政明这样说道："或许只有努力挣扎过的人才能了解人类的本质，从而获得预知未来的视野。"

关于堤清二在成立无印良品之前的奋斗足迹，我将在后面的章节中进行详细解说，本章先为大家进行简单介绍。

第一章 无印良品

通往无印良品之路

堤清二的父亲堤康次郎既是西武集团的创始人，也是众议院议长。堤清二年轻时在父亲身边担任其秘书。1954年，时年27岁的他入职了被揶揄为"拉面百货"的西武百货。

堤清二在回忆起当时的情况时这样说道："我入职的时候，西武百货被称为'拉面百货'。因为西武百货位于车站前方，人们常常心想着'去吃碗拉面吧'，于是就走进西武百货。但来的人真的只是吃拉面而已，不买别的东西。"

因为堤康次郎先后娶过三个妻子，子女成群，所以堤清二成长在一个非常复杂的家庭环境之中。

他在东京大学念书时之所以加入日本共产党，也是出于内心深处对身为大资本家的父亲的叛逆心理。在他入职西武百货的时候，父子之间的矛盾仍然非常严重。

堤清二说："我是在父亲的命令下入职西武百货的。西武百货当时亏损很严重。我下决心无论如何都要将其打造成一流的百货商店。"

正如堤清二自己所说的一样，如果他想以经营者的身份取得成功，除了将这家"拉面百货"变成一流的百货商店之外别无他法。

堤康次郎在1964年去世，铁路、酒店、不动产等西武集团的主要事业都由堤清二同父异母的弟弟堤义明继承。堤清二只继承了西武百货。

虽然入职西武百货并非堤清二本人的意愿，但他充分地发挥了自己经营企业的才能，令西武百货起死回生。

第二次世界大战后，日本的大型服装生产企业都优先与老牌店铺（比如高岛屋和三越百货）合作，与西武百货合作的企业少之又少。于是，堤清二只能通过住在巴黎的妹妹堤邦子引进爱马仕、圣罗兰等欧洲知名品牌来对抗高岛屋和三越百货。

同时，堤清二还通过百货商店与PARCO向顾客展示了高岛屋和三越百货等老牌百货商店没有的海外现代美术与先锋派戏剧等新颖的文化形式，以吸引年轻顾客群体。

20世纪80年代前半段，西武百货池袋总店的销售额超过老牌店铺日本桥三越总店成为日本第一。"拉面百货"实现了华丽转变。糸井重里打造的广告文案"美味生活"所代表的"SAISON文化"也风靡一时。

堤清二通过品牌与文化的"香水"，成功地将位于池袋的"拉面百货"变为一流的百货商店。如果到此为止的话，堤清二的名字一定会被载入零售业的历史之中。

但就在SAISON文化的鼎盛时期，堤清二却对"品牌"提出了疑问，并向世人推出了无印良品。堤清二将无印良品的商品称为"反体制商品"，他说："同样一件毛衣，只因为带有品牌的LOGO，价格就要高出20%。这对消费者来说真的是好事吗？"

当时，很多人看到别人身上穿着昂贵的名牌服装，就会既焦急又羡慕，于是跑去买了同样品牌的服装。堤清二对这种品牌消费观点提出了异议。

将欧洲的高端品牌导入日本的人是堤清二，提出"让平民百姓也过上充裕生活"，使西武百货成为日本第一的人也是堤清二。

引发了崇尚高端品牌风潮的人，却成了第一个向高端品牌说不的人，这完完全全是自我否定的行为。

但堤清二确实对自己一手创造的消费趋势产生了疑问。也就是说，无印良品是堤清二自我否定的结果。

"这么便宜的东西绝对卖不出去"

无印良品诞生的1980年，正是日本加速奔向泡沫经济的时期。

同年，田中康夫[①]的小说《像是水晶》出版。这部小说描述了东京某个兼职时尚模特的女大学生的生活，文中充斥着许多大城市年轻人非常喜爱的知名品牌。销售这些知名品牌正是西武百货的拿手绝活。

但堤清二意识到，这种品牌至上的消费观念早晚会走到尽头。于是，他推出无印良品作为西友的自有品牌商品。

---

① 田中康夫（1956— ），新党日本代表，1981年毕业于一桥大学法学部，后从事写作和电视评论，2000年当选长野县知事。

当时，西友是与大荣集团不相上下的零售巨头。但在席卷整个零售行业的新潮流"无品牌商品开发"方面，西友却比竞争对手落后了不少。直到"无印良品"出现后，西友才彻底扭转了被动的局面。

无品牌商品的热潮最早出现于20世纪70年代，先驱者是法国的大型超市集团家乐福。家乐福推出无品牌商品的初衷是"让消费者从大企业的市场营销之中解脱出来，得到自由"。消除多余的包装，以低廉的价格销售商品，家乐福的这一举措得到了消费者的支持。当时正值零售行业发展壮大的时期，因此大型零售企业拥有了与生产企业在价格上进行谈判的资本。后来，这一趋势在美国迅速扩大。

知名品牌的商品在其价格中包含着多余的功能、品质保障、市场营销和广告宣传产生的成本。为了表达对这种不合理的价格结构的抗议，零售企业决定自己为顾客提供"没有多余包装"的商品。

无品牌商品的趋势很快传到了日本。1978年，大荣集团在日本率先推出了廉价的无品牌食品和日用百货。伊藤洋华堂等其他大型零售企业纷纷效仿。因为让消费者得到了实惠，无品牌商品很快就普及开了。

但西友在无品牌商品的开发方面被远远地甩在了后面。当时正值石油危机爆发，人们的节约意识越来越强。后来就任西友社长的渡边纪征当时担任销售企划负责人，他提出了开发无品牌商品的建议。但堤清二并不赞同，他说："日本与贫富差距巨大的欧美状况不同,这么便宜的东西在日本绝对卖不出去。你们在想些什么啊?你们是傻瓜吗?"

堤清二有个缺点:如果他对某个问题没有理清头绪,他便会表现得非常急躁。

当时,他可能就处于这样的状态。在堤清二看来,即便无品牌商品可以让消费者得到实惠,但只是模仿欧美零售企业那样推出廉价的商品,不可能持续得到日本消费者的认可。然而,他当时并没有想到具体应该如何进行调整,才能让这种商业模式被日本消费者所接受。在他犹豫不决的时候,竞争对手已经开始行动了。

当时,西友并非没有余力去开发无品牌商品。事实上,西友在20世纪70年代就与美国的大型零售企业西尔斯·罗巴克公司[1](以下简称"西尔斯")进行合作,吸收了大量商品开发的经验。1974年,SAISON集团支援下的"商品科学研究所"成立。西友与该研究所深入合作,根据顾客需求建立了完善的商品开发体制。

大荣集团等推出的廉价无品牌商品,总是给人一种模仿品牌商品的感觉。这反而加深了消费者"便宜没好货"的认知。如果不能改变消费者的这种认知,不管价格多么便宜,无品牌商品早晚会被

---

[1] 西尔斯·罗巴克公司曾经是世界上最大的私人零售企业。它的创始人理查德·西尔斯在1884年就开始尝试邮购商品,专门从事邮购业务,自1925年开始进入百货商店的经营,陆续开设了300多家百货商店。西尔斯·罗巴克公司于2005年3月24日与凯马特公司合并,组成美国第三大零售业集团。2018年10月,西尔斯·罗巴克公司正式向美国破产法院申请破产保护。

消费者抛弃。无印良品则是解决这一难题的终极答案。

此外,无印良品之所以能够成功地扭转局面,与开发团队和堤清二紧密合作、互相信赖是分不开的。

名称不用片假名

无印良品的开发团队聚集了许多在美术设计和广告宣传上拥有优秀才能的外部人才,比如平面设计师田中一光[1]、文案策划人小池一子[2]、空间设计师杉本贵志[3]。他们是开发无印良品商品的主力,也是无印良品个性和理念的决定者。

小池一子后来担任良品计划顾问委员会的委员,以美术负责人和文案策划人的身份仍然与堤清二创立的事业保持着合作关系。回忆起无印良品诞生前夜的情景,小池一子这样说道:"大家在一起讨论,但并不是像开会那样正式讨论。只是围绕着'什么是日本的美'之类的文化和生活方面的问题,我和堤清二、田中一光一边喝酒一边说出自己的感想。其中可能就有所有人都能达成共识的想

---

[1] 田中一光(1930—2002)是日本最具代表性的平面设计师之一,是无印良品首任设计师和创始人之一。他在将日本传统文化融入作品的同时引入国外的现代设计概念。他的设计理念对日本设计产生了极其深远的影响,为日本在国际设计界中拥有重要地位做出了巨大贡献。
[2] 小池一子,毕业于东京早稻田大学文学部,后负责编辑、设计及美术展企划等工作,现任武藏野美术大学名誉教授。
[3] 杉本贵志是日本室内设计界的鼻祖,日本最负盛名的空间设计师之一,以设计酒店、餐饮及零售项目闻名。

法。我觉得这就是当时那个时代的感觉。"

堤清二和开发团队都认为：品牌的价值脱离了商品本身这件事是不对的。

"欧洲的高端品牌涌入日本的时候，出现了只要带有品牌LOGO，商品就能卖出高价的现象。我们针对这个问题进行了讨论。那些来自自然的蔬菜、肉类、棉花、丝绸等材料，即便没有品牌，人们也能够感受到其中存在的价值。因此，品牌脱离商品这件事本身就是与人们的感受相违背的。对这个问题的思考，就是无印良品产品开发理念的出发点。"

正如田中康夫在小说中讽刺的那样，在1980年，日本到处都充斥着片假名的外来语。"在到处都是欧洲高端品牌的状况下，我们想做真正具有日本特色的东西。于是，我们和堤清二商量，品牌的名称不要用片假名。"小池一子这样说道。最终，开发团队想出的名字就是"无印良品"。

虽然没有品牌，但产品的品质优良。这是没有任何修饰的非常简单直白的日语。堤清二当场拍板决定就用这个名字。小池一子回忆道："在决定的一瞬间，我非常激动，浑身都起了鸡皮疙瘩。"

无印良品最初的产品线只有31种食品和9种生活用品。除了西友之外，这些商品也在西武百货和全家销售。为了强调"无印良品"绝非品牌商品的廉价版，商品的外包装上清楚地写明了其价格便宜的原因，包括严选素材、改善工艺、简化包装等。

"便宜得没有理由的商品"和"便宜得有理由的商品"

竞争对手推出的无品牌商品无论如何都难以摆脱品牌商品廉价版的形象。消费者普遍认为这些无品牌商品"虽然价格便宜，但肯定用了不好的材料，制作工艺也更简单"，也就是"便宜没好货"。

无印良品则将价格便宜的理由毫无隐瞒地告诉了消费者，从而打消了消费者的顾虑。"其他超市的无品牌商品是'便宜得没有理由的商品'，而西友的无品牌商品是'便宜得有理由的商品'"。在无印良品的商品正式发售后，《日经流通新闻》于1980年12月11日引用了堤清二所说的这句话。

在对消费者毫无隐瞒的同时，无印良品的食品无论是口味还是质量都无可挑剔。让消费者认识到"虽然没有品牌但品质一流"，就是无印良品的战略。

"三文鱼全身都是三文鱼"，这个由小池一子创作的非常具有代表性的广告词，将无印良品的"世界观"完美地传达给了消费者。

一直以来，品牌厂商只使用三文鱼的鱼身制作三文鱼罐头。但无印良品使用包括鱼头和鱼尾在内的整条鱼制作三文鱼罐头。这样制作出来的三文鱼罐头味道更加鲜美，而且价格便宜。

这可以说是最能够体现出无印良品"便宜得有理由"的理念的事例了。

无印良品第一年的销售目标是销售额达到30亿日元，而实际的销售额是55亿日元。对于一个新成立的事业部门来说，这是非常成功的。

但堤清二认为，如果无印良品不开设独立的街边店，就会像其他大型超市的无品牌商品一样，在流行一阵之后便很快消失了。

在青山的核心地段开设第一家无印良品店铺

1983年，诞生三年的无印良品终于开设了第一家独立的街边店。店铺位于东京青山的一等地段。

选择这样的地段开设只销售综合超市无品牌商品的店铺是让人难以置信的。小池一子这样回忆道："无印良品销售的商品涵盖衣、食、住的方方面面。我和田中一光向堤清二提议开设一家独立的街边店，这样能够更好地向消费者展现无印良品的生活方式。当时，三宅一生、川久保玲、山本耀司等日本设计师的影响力与日俱增，众多欧洲高端品牌也纷纷在青山开设街边店。因此，我们也想让体现无印良品哲学的无印良品的店铺融入其中。在高端品牌文化最兴盛的地方，在这个充满时尚的街区，给朴素的无印良品找一个立足之地。虽然这是一项非常严峻的挑战，但堤清二先生非常支持这个想法。"

反品牌的无印良品在以品牌著称的青山开设店铺，这仿佛是一种悖论。无印良品的目标不是"迎合"品牌文化，而是"挑战"品牌文化。

无印良品的第一家店铺的外观设计非常高雅，如同一家服装精品店。

如此精美的店铺却销售廉价且未经任何修饰的日用百货与食品。这种独特的反差顿时引发了人们的关注，使无印良品的认知度迅速提高。

20世纪80年代，渡边纪征作为西友的商品企划负责人参与了无印良品事业。他回忆说，堤清二认为"形象塑造力"是无印良品必不可少的要素之一。这里所说的"形象"指的是商品在颜色、设计、包装等方面的统一性和一贯性。为了塑造无印良品的形象而采取的措施，不仅限于青山店。

位于百货商店一楼的无印良品

无印良品青山店开业之后的第二年，也就是1984年，西武百货终于在一直梦寐以求的银座有乐町地区开设了西武百货有乐町店。在开业准备阶段，堤清二找到西武百货的负责人，指示"在一楼给无印良品留个位置"。

一般来说，百货商店的一楼销售的都是高级化妆品和国际知名品牌的商品。在这样的区域同时销售被分类为无品牌商品的无印良品，这绝对是前所未有的。

渡边纪征说："百货商店的员工在听到这个消息之后全都大吃一惊。但这是堤清二的命令，因此大家也只能服从。"

"无印良品是什么？"堤清二于1984年12月29日在西友的商品企划会议上这样问道。

当时，无印良品在青山开设店铺引发的热潮告一段落，发展势头开始放缓。随着销售商品种类不断增加，无印良品的理念逐渐得到普及。

但是，堤清二却在会议上说："我们必须再一次明确无印良品究竟是什么？①合理化；②新生活运动；③确保消费者的自由；④时尚与设计性……在明确这个问题之前，无印良品没必要增加新的商品种类。没有明确的理念就意味着终结。"

让出席者思考了一会之后，堤清二继续说："我们还是应该以'③确保消费者的自由'为中心，①②④都是辅助要素。无印良品是反体制商品，如果我们忘记了'确保消费者的自由'这个最基本的理念，而一味地将商品强加给消费者，那么无印良品就会变成'有印良品'"。

这种充满主观意愿的话听起来不是经营者说的，更像是学生运动的组织者说的。其实，堤清二想要传达的信息是，无印良品的商品并不是通过设计和功能来突出自己的商品，而应该是贴近消费者的生活、让消费者能够自由使用的商品。

这种细致地执着于每一件商品的理念铸就了无印良品。

第二节 "独立"

在堤清二的遗物中,有一份被他妥善保管的内部资料。资料的日期是1995年2月21日,标题上写着"无印良品家电开发"的字样。这是对"无印家电"发售初期八种商品进行说明的良品计划的资料。

冰箱、洗衣机、微波炉……资料上详细地记载了各个商品的规格、售价、预计年度销售数量等内容,委托生产企业是"夏普"。除了"面向单身消费者群体、简洁的设计、简单的功能、合理的价格"等开发方针之外,上面还标注了"对生产企业的最低销量保证"。也就是说,良品计划对夏普做出了"最低也能销售出这么多数量"的保证。

在20世纪90年代末以前,堤清二一直担任良品计划的董事。但在1991年,堤清二辞去了SAISON集团董事长的职务,相当于形式上从包括良品计划在内的集团经营一线退了下来。

然而,开发无印家电是良品计划历史上非常重要的转折点,因此堤清二对其特别关注。

金井政明在1995年无印良品发售家电时,担任生活用品领域的负责人,家电也是他负责。他说:"因为销售家电必须得到堤清二许可,所以我带着所有的商品,满头大汗地对他进行说明。"

进行说明的地点是堤清二住所隔壁一个叫作"米庄阁"的迎宾馆。这是堤清二的父亲堤康次郎为了便于开展政治和商业活动而特意修建的豪宅。

在无印良品尝试开发家电的时代,与销售企业相比,生产企业处于绝对优势的地位。当时,零售企业想委托知名生产企业为自己生产自有品牌商品是极为困难的。因此,各家零售企业只能委托海外工厂或中小型生产企业为自己生产自有品牌家电。但消费者并不认同这些家电,结果导致大量库存积压。

当良品计划委托夏普生产自有品牌家电时,夏普的第一反应也是"拒绝",但金井政明并没有轻易放弃。堤清二深知产品开发负责人的工作很辛苦,这或许与他在美国的亲身经历有一些关系。

在芝加哥的亲身经历

20世纪60年代后半段,堤清二多次前往美国零售行业的霸主西尔斯位于芝加哥的总部参观访问。在多次提出合作请求之后,对方终于同意让他参观商品研究室。堤清二在那里看到了十几种日本和德国产的照相机。

堤清二这样回忆道:"我问他们为什么这里有这么多照相机,对方的负责人解释说,这些照相机的快门速度最快可以达到1/2 000秒,而大多数美国消费者只需要快门速度达到1/500秒的相机就可以了。因此,他们在想应该如何对商品进行调整,从而降低成本。"

为了生产出足以满足消费者真正需求的自有品牌商品，以数值为依据同生产企业进行谈判，同时自己承担风险，向生产企业保证最低销售数量。这就是堤清二在西尔斯学到的经验，"成了良品计划的基础"。

无印良品之所以委托大型生产企业夏普生产家电，也是受西尔斯开发自有品牌商品经验的启发。堤清二肯定对此深信不疑，所以才将这份内部资料如此精心地保管起来。

现在，引领日本零售行业的服装连锁品牌优衣库，家具、日用品连锁企业NITORI，以及良品计划，都导入了SPA模式[①]。零售企业不是采购现成的商品，而是自己设计和开发商品，然后委托世界各地的工厂和企业进行生产。

20世纪60年代，堤清二就在西尔斯见到了这种模式的雏形，并且在日本率先通过无印良品实现了SPA模式。

纵观日本零售行业的历史，从以百货商店和超市为核心的综合零售集团之中诞生出有竞争力的SPA事业并持续取得成功的案例，只有无印良品。

这也从另一个侧面证明了堤清二重视商品开发的先见性以及其具有的重要意义。

执日本百货商店行业牛耳的高岛屋和三越等老牌店铺，一直坚

---

① SPA（Specialty retailer of Private label Apparel，自有品牌服装专业零售商）模式是一种将商品策划、制造和零售整合起来的垂直整合型销售模式。SPA模式能有效地将顾客和供应商联系起来，以满足消费者需求为首要目标，通过革新供货方法和供应链流程，快速响应市场需求。

持"从批发商和服装生产企业进货,随时可以将卖不出去的商品退货"的商业模式。

对于长期身处百货商店行业的堤清二来说,西尔斯的做法与这些百货商店的商业模式可以说是完全相反的。

因此,西友在20世纪70年代之后,即便深陷苦战也决不依赖批发商,坚持自己进行商品开发,最终推出了无印良品。

在无印良品取得成功之后,堤清二认为西武百货也应该尽量提高采购人员的水平,自己承担风险进行商品开发。

"向无印良品的采购人员学习"

"你们应该向无印良品的采购人员学习。你们现在去海外采购商品的时候,跟批发商一起出差,把工作都推给批发商去做了。"

20世纪80年代,在东京池袋召开的西武百货商品展示会上,堤清二忽然大发雷霆。因为西武百货宣称展示的是自己开发的服装,但相关的负责人却连"产量大概有多少"这种最基本的问题都回答不上来。

"将责任都推给批发商,自己不承担一点风险的话,是无法做出具有创造性的工作成果的。"

这也是堤清二一直以来的想法。在参加西武百货商品展示会之前,他刚参加了无印良品的商品展示会。于是,他对西武百货的员工说出了这样一番话："无印良品的采购人员为了购买到最优质的山羊绒，亲自前往中国新疆，与当地的牧民一起生活了一段时间。他们付出了非常多的努力。"

无印良品诞生于1980年，堤清二当时已经53岁了。就像父母往往偏爱年纪最小的孩子一样，堤清二也对在自己经营生涯后半段才诞生的无印良品投入了更多感情。

不管无印良品的思想和理念多么优秀，要想让事业走上正轨，完善的管理是必不可少的。遗憾的是，堤清二对这一点并没有给予足够的重视。20世纪80年代的无印良品，确实推出了以山羊绒毛衣为代表的热门商品，但其事业发展的基础还在建立之中。

被夹在堤清二提出的理念和现实的商业活动之间受苦的人是木内政雄。木内政雄是1968年就入职西友的元老，以强大的行动力著称，1985年被任命为新成立的无印良品事业部的第一任部长。

虽然当时无印良品的业绩处于低迷期，但木内政雄对无印良品充满信心。他说："没有比无印良品更脍炙人口的商品了。无印良品的商品质量上乘、品种齐全，加之没有中间商赚差价，利润很高。因此，我完全有信心将无印良品发展壮大。"

尽管木内政雄信心十足，但他遇到了意料之外的烦恼。那就是西友内部都要看堤清二的脸色行事，这给木内政雄的工作带来了很多问题。

无印良品的理念确实非常先进，但商品开发的精度并不高，因此有很多卖不掉的商品成为积压库存。木内政雄回忆说："我问员工为什么去年生产的服装有这么多积压库存，对方回答说'如果降价销售会惹堤清二生气''降价销售与无印良品的方针不符'。于是，我反问道'降价销售与卖不出去而最终销毁相比哪个更好'。最终，我还是决定将这些积压库存降价销售。"

如果继续留在西友这个逐渐僵化的组织之中，那么无印良品就很难取得好的发展。无印良品在采购、系统、物流以及商品政策等方面都与西友完全不同。

于是，木内政雄在1988年向包括堤清二在内的SAISON集团的高层领导提出无印良品独立发展的提案。虽然这个提案当时被否决了，但木内政雄在第二年又提出了类似的提案。

木内政雄回忆道："当时，堤清二说'木内政雄真是个烦人的家伙，赶快把他赶出去'。就这样，无印良品开始独立运营了。"

1989年，开展无印良品事业的良品计划从西友中独立出来。

随后，木内政雄顺利地将无印良品的事业发展壮大，1993年就任良品计划社长。但没过多久，木内政雄在媒体上的发言因为被看作是对SAISON集团以及堤清二的批判，在西友内部引发了轩然大波。

他当时说："SAISON集团过于重视商品企划和市场营销，却忽视了脚踏实地进行改革。正因为有了这个反面教材，无印良品才发展得如此顺利。"

21

在迎宾馆下跪

SAISON集团30多家企业的社长齐聚米庄阁召开会议,而木内政雄则要在会议上谢罪。

"在各家企业的社长都在圆桌周围落座之后,堤清二才进来。我的座位是最下座,但在会议开始之前,我都跪在走廊的大门旁边,对每个经过的人说'实在是非常抱歉'。"

堤清二安慰木内政雄说:"好了,好了,你不用这样,拿出点儿精神来。"

木内政雄深知,正因为堤清二前所未有的创意,才能诞生出与其他综合超市的自有品牌完全不同的无印良品。但与此同时,既要遵循堤清二的理想,又要将无印良品发展壮大,确实存在许多困难。

正如前文提到过的那样,堤清二在1991年宣布退出SAISON集团的经营一线。但实际上,他仍然对SAISON集团的经营者具有强大的影响力。其中,他对无印良品的关注最多。木内政雄并不是站在"无印良品之父"堤清二的对立面上,而是保持一种微妙的平衡。对于堤清二的建议,木内政雄不是直接执行,而是经过自己的思考和调整之后才落实到实际的商业活动之中。

最有代表性的例子就是"无印酒店"。堤清二曾经不止一次地对木内政雄提出,"推出按照无印良品理念经营的酒店"。

SAISON集团在1988年收购了在50多个国家和地区经营了约100

家酒店的洲际酒店，投资额超过2 000亿日元，是当时酒店行业规模最大的收购项目，但这也是日后SAISON集团陷入困境的原因之一。

负债累累的SAISON集团在1998年迫于银行团的压力而将洲际酒店整体出售。当时，堤清二难掩自己的失落之情，由此可见他对酒店事业的执着。

或许堤清二想亲手建立起一个将自己的经营思想贯彻到每一处细节之中的酒店事业，所以他才固执地坚持"无印良品酒店"的创意，并且反复对木内政雄提出"推出按照无印良品理念经营的酒店"。

但木内政雄认为，无印良品的当务之急是确立主业的商业模式，因此巧妙地回绝了堤清二的要求。木内政雄这样说道："在物质过剩的时代，'时间消费'的重要性越发明显，我认为堤清二的这个观点是正确的。"用现在的话来说，就是商家要向消费者提供"内容消费"。

虽然无印良品开展酒店事业比较困难，但还是有办法满足"时间消费"的。于是，无印良品在1995年开设了露营地。

即便从经营一线退出，堤清二仍然非常关注无印良品的发展。他最关注的一点就是"绝对不能推出时尚性太强的商品"。金井政明回忆说："堤清二担心'如果进入时尚领域，无印良品就不再是无印良品了'，所以他非常不赞同无印良品销售化妆品。"

但在20世纪90年代后半段，无印良品还是开始销售化妆品了。金井政明说："当时，我作为生活用品品类的负责人，在开发商品之前向堤清二进行说明，但他让我先去考察一下女性消费者的心理。我完成他交给我的任务之后，堤清二终于同意无印良品开始销售化妆品。这件事让我学到了很多宝贵经验。如今，化妆品已经发展成为无印良品的一个非常重要的商品品类了。"

"把西武百货和西友卖掉不就好了吗？"

泡沫经济崩溃后，山一证券和北海道拓殖银行于1997年破产；日本长期信用银行于1998年破产，日本爆发了严重的金融危机。

与此同时，SAISON集团也因为巨额负债而承受着来自银行团的巨大压力。

SAISON集团旗下的东京城市金融（TCF）因为负债太多，而向其母公司西友寻求支援。西友为了偿还债务，被迫出售全家和良品计划的股票。

当时，担任西友社长的渡边纪征在将这一消息汇报给堤清二的时候，堤清二说："把西武百货和西友卖掉不就好了吗？为什么要留下亏损的企业，却把盈利的企业卖掉呢？"

"堤清二当然知道那样做是不可能的。但将自己一手创建的优秀企业拱手让给他人，他一定感到非常遗憾。"渡边纪征回忆说。

最终，全家的股票被伊藤忠商事收购，良品计划的股票则被卖给了投资机构。TCF因此被免除了大约2 000亿日元的债务，这使西友和TCF逃过一劫。因为一直维持着良好的业绩，所以良品计划的股票能以较高的价格卖给投资机构，这避免了SAISON集团"突然死亡"这个最坏的结局。

当时，SAISON集团内外部都认为堤清二是"使SAISON集团陷入经营困境的主要责任人"。

受此影响，良品计划中有越来越多的人不愿意和堤清二产生交集。因此，在20世纪90年代末，堤清二辞去了良品计划董事的职务。

2000年度，良品计划的业绩迅速恶化，合并营业利润减少了116亿日元，同比减少14%。这是自1989年良品计划成立以来第一次出现利润减少的情况。出现这一情况的主要原因是良品计划连续开设多家大型店铺，而无印良品的商品力却没有得到相应提升，结果出现大量积压库存。

在同为SPA模式的优衣库和NITORI以及百元店等竞争对手迅速崛起的状况下，开设大型店铺的战略给良品计划造成了沉重的负担。

20世纪90年代，无印良品作为SPA模式的代表，风头一时无两，但SPA模式先驱者的光环在一夜之间却消失得无影无踪。

20世纪90年代后半段，西友因为业绩持续低迷，希望良品计划能够快速发展，以此提升股价，然后通过出售良品计划的股票获取进行改革的资金。也就是说，良品计划成了西友稳定自身经营的工具，被迫进行大规模扩张。但这种行为对良品计划的发展造成了巨大的伤害。

在这个时候，松井忠三临危受命，担任良品计划的社长。在松井忠三就任社长之后，虽然良品计划2001年度的中期决算仍然亏损，但从那以后良品计划的业绩就逐渐开始好转。松井忠三十分擅长人事工作，他重新调整了总部和店铺的业务手册，建立了让员工能够按照统一的方法开展工作的体制。

松井忠三认为，堤清二等人重视感性和直觉的企业文化，是导致良品计划业绩恶化的因素之一。因此，他推行让所有员工都能共享信息的工作方法，成功地使良品计划扭亏为盈。

"抵达巅峰之后就是走下坡路"

帮助良品计划跨越危机的松井忠三于2008年卸任，继任者是金井政明。长期负责商品开发工作的金井政明，对良品计划有自己独特的认知。如果说松井忠三解决了人事方面的问题，那么金井政明要解决的就是商品方面的问题。

他说："我认为无印良品最大的优势，就是堤清二和田中一光等一流设计师付出的努力。"从长远的角度来看，坚持"无印良品的本质"才是竞争对手绝对无法模仿的无印良品独一无二的价值。金井政明对此深信不疑。

SAISON集团崩溃是因为泡沫经济崩溃以及堤清二的错误判断，堤清二身为经营者具有不可推卸的责任。但金井政明认为，作为后继者，应该在正视这一事实的基础上，倾听创业者的声音。

因此，在就任良品计划的社长之后不久，他便邀请堤清二来到良品计划总部向负责商品开发的成员发表讲话。

堤清二说："良品计划也许能够成为零售业的龙头。但这其实是非常可怕的事情，因为抵达巅峰之后就是走下坡路。一切事物都在不断地发生变化，成功的同时往往也伴随着风险。"

良品计划从诞生到现在，一路走来确实并非一帆风顺。这番话也可以代表堤清二作为经营者的人生。

从20世纪70年代到80年代，SAISON集团风靡一时，但到21世纪初期，堤清二创建的商业帝国土崩瓦解。在经历了大起大落之后，堤清二说出这样一番话，想必能够打动在场员工的心灵。

对于无印良品来说，商品开发是决定其成败的关键。深知这一点的金井政明，加强了良品计划与顾问委员会之间的关系。每一件商品在开发时都必须经过顾问委员会仔细审查，以确保其符合无印良品的理念。

应该如何将堤清二最初提出的无印良品的理念继承并发扬下去呢？在进行商品开发时，一定要认真思考"这是否属于无印良品"。

从无印良品成立之初就一直担任顾问委员会委员的小池一子在

2008年的时候接到就任良品计划社长的金井政明打来的电话。金井政明在电话中说："我在思考，如何才能坚持无印良品的本质，开发出真正优秀的商品。我们是否应该成立一个研究所呢？"于是，"生活良品研究所"就此诞生。

生活良品研究所坚守无印良品的根本理念，对商品的设计和开发进行检查。小池一子受金井政明的委托为生活良品研究所撰写广告文案。

"重复原点，重复未来"，这现在已经成为生活良品研究所的行动方针了。

从1980年诞生至今已经已经40余年了，无印良品的理念从未发生过改变，尊重历史、展望未来，不被眼前的利益所影响。无印良品经久不衰的原因，正在于此。

第三节 今天的无印良品

如今，无印良品仍然坚守着堤清二的创业理念。

堤清二一直认为无印良品在海外的店铺不应该以比无印良品在日本的店铺更高的价格销售商品。良品计划的前任社长松崎晓就提出了"全球统一价格"的目标，一直努力降低成本、调整价格。

除此之外，无印良品在海外发展时也坚持着堤清二的理念，那就是不强调"日本特色"或"酷日本"（Cool Japan）。

金井政明这样说道："堤清二认为一味地强调'日本特色'并不能使事业长久地持续下去，应该趁着海外消费者被异国文化吸引的时候，让他们认可商品的价格和品质。"

不是利用"日本特色"，而是凭借自身的价值赢得消费者的青睐，这就是堤清二所追求的目标。不过1991年无印良品在伦敦开设海外第一家店铺的时候，当地的运营伙伴确实是被"日本特色"所吸引的。

无印良品在伦敦开店的契机来自一封信。1988年，位于东京青山的无印良品第一家街边店已经开业五年了。伦敦老牌百货公司利伯提百货的采购负责人给无印良品发来一封寻求合作的信。

根据小池一子的回忆，信中的内容大致如下：我们作为伦敦的知名百货商店，经常引进日本的优秀商品和文化。这次，我们打算将日本最优秀的商品带到伦敦，因此在过去五年间，我们经常前往日本无印良品的店铺参观学习。

在这位负责人的努力下，无印良品与利伯提百货达成了合作意向，无印良品在伦敦开设了海外第一家店铺。

无印良品原本是为了对抗在日本泛滥的欧洲高端品牌而生的，其中也包含着堤清二以及开发团队对日本美学意识重新思考的成果。

事实上，许多去除了多余修饰的无印良品的商品都能让人感到"侘寂"之美。对欧洲人来说，他们欣赏的正是无印良品的商品中这种颇具异国风情的"日本特色"，这一点是不可否认的。这毫无疑问是无印良品的魅力所在，也是其进军海外市场时最独特的优势。

但很快，良品计划的海外发展就进入了一个全新的阶段。正如堤清二所说，仅凭"日本特色"和"酷日本"就能取得优势的阶段已经结束了。现在，无印良品需要凭借自己的实力来证明自己是否能够成为真正意义上的全球化企业。

海外的店铺数量超过日本的店铺数量

2017年，良品计划取得了在日本国内外事业的营业利润连续七年增长的好成绩，而且在2017年末，无印良品在海外开设的店铺数量达到457家，超过了在日本的店铺数量。

2017年度，无印良品海外事业的销售额为1 447亿日元，占总销售额的38%，增长率为23%，成为推动良品计划业绩迅速增长的动力。从营业利润上来看，海外事业取得的利润为160亿日元，占整体利润的36%。虽然无印良品在欧美地区的事业出现了亏损，但在以中国为首的东亚市场却取得了巨大的成功。

能够在海外取得如此成功的日本的零售企业并不多。旗下拥有知名品牌优衣库的迅销集团，在2017年9月至2018年2月的年中期决算中，日本优衣库事业的营业利润为887亿日元，海外优衣库事业的营业利润为807亿日元，可以说是平分秋色。

良品计划是日本仅次于迅销集团的全球化零售企业。

2015年就任良品计划社长的松崎晓，就曾经作为负责人在海外部门取得了优异的成绩。

如果真的是被社会所需要的企业，就一定能够取得成长。如果"反体制"的无印良品屈服于资本市场的价值观，就会失去存在的价值。制定迎合市场的事业战略完全是本末倒置的做法，这对于无印良品来说，就意味着失败。

在当今时代，这样的理想真的能够一直坚持下去吗？在企业理念和市场经济之间，无印良品究竟能否找到自己的落脚点呢？

关于上述的问题虽然没有明确的答案，但金井政明认为关于解答的提示就在堤清二的思想当中。

在良品计划担任了七年社长、于2015年就任会长的金井政明，在2017年年满60岁。他与堤清二接触的时间并不是很长。他这样说："我一直在研究堤清二说过的话和他的思想，思考无印良品究竟应该何去何从，这就是我探求无印良品本质的方式。"

"MUJI HOTEL"在中国诞生

2018年1月18日，全世界第一家"MUJI HOTEL"（无印良品酒店）在中国深圳开业。

如果这时堤清二还活着，他应该已经90岁了。如果他能再坚持几年，就能亲眼见到这一幕。

2019年，东京银座的无印良品新旗舰店旁边也开设了MUJI HOTEL。

虽然MUJI HOTEL的运营工作被委托给外部企业，但经营理念完全由良品计划制定，卧具和家具等用品都由无印良品提供。

我们无法得知堤清二对未来的规划中是否包括在中国市场开展酒店事业。但无印良品在中国已经开设了超过200家店铺，拥有极高的知名度，这也是良品计划在中国开设全世界第一家MUJI HOTEL的原因。在拥有了酒店业态之后，无印良品能够更加明确地将无印良品的生活方式传达给中国的消费者。

如今，中国经济发展迅速，聚集了大量新兴IT企业的深圳被称为"中国的硅谷"，是中国最现代化的城市之一。在深圳的街头，随处可见装修豪华的高级酒店。MUJI HOTEL的出现，就像无印良品之于知名品牌一样，为深圳的消费者提供了完全不同的选择。

在深圳的MUJI HOTEL开业当天召开的记者会上，良品计划时任社长松崎晓称MUJI HOTEL是"最能够感受到无印良品的'世界观'的地方"。

这也可以看作是堤清二的思想的普适性程度的试金石。

"我也不知道自己的理解是否正确。但作为继承者，我们必须承担起自己的责任。"在说起如何继承堤清二的理念时，金井政明这样说。

良品计划将宣传语从"感觉良好的生活"改为"感觉良好的生活和社会",尝试进军零售业以外的领域,酒店就是其中的代表。但除此之外,良品计划还开展了一系列以解决社会课题为目标的商业活动,比如重建商业街和翻新住宅等。

这也和堤清二的理念存在着很深的联系。堤清二认为,不应该一切都以损益得失作为判断的依据,即便不能成为消费的对象,也不意味着毫无价值。

堤清二虽然是经营者、资本家,却对资本主义社会过度发展心存疑问。只有继承他的这一思想——即便这样做看起来既幼稚又麻烦,才是让无印良品持续发展的最有效的方法。

金井政明说:"在无印良品刚诞生的时候,我们尝试了许多与众不同的挑战,比如使用再生纸制作笔记本等。当时大家都说'这样的东西根本卖不出去'。像什么裂开了的香菇、纯白色的T恤……但经过10年、20年之后,大家对这样的商品已经习以为常了。现在,要想与众不同的难度越来越大,用再生纸做的笔记本到处都有……

"在这种情况下,我们更要坚持向世人传达无印良品的理念,让世人清楚地知道什么是无印良品。MUJI HOTEL和住宅就是这样的一种尝试。现在,我们开展的守护故乡的山和重建商业街等活动也具有同样的意义……

"我们经常审视这个社会,当发现'这个地方不对劲儿'或者'这个地方感觉不好'的时候,就会提出无印良品的价值观来与之进行对比。这样或许可以使消费者意识到,原来他们现在认为理所当然的商品，其实最早都来自无印良品。虽然商品本身并没有什么不同，但蕴含在无印良品商品之中的精神是独一无二的。"

堤清二的矛盾性造就了无印良品的个性

位于东京青山的无印良品一号店，已经成为无印良品的"圣地"。自从1983年开业以来，经过了28个年头之后的2011年，青山店又转变为被称为"Found MUJI"（发现无印良品）的全新业态。无印良品现在开始在日本各地和世界各国寻找凝缩了生活智慧的日用品，并在青山店内进行销售。

堤清二通过无印良品提出了"消费者的自由"这一概念。作为其继任者的金井政明等良品计划的高层管理者则将堤清二的理念更进一步，为那些陷入存亡危机的工匠和生产者提供有力的支援。

在青山店内的白墙上，写着德国哲学家弗里德里希·尼采的一段话："独创性并不是首次观察某种新事物，而是把旧的、很早就是已知的，或者是人人都视而不见的事物当新事物观察，这才是真正具有独创性的头脑。"

堤清二的理念经过进一步的发展，也能给我们带来另一个视角。在无印良品作为西友的自有品牌诞生之初，大型生产企业拥有强大的话语权，零售企业站在消费者的角度，试图挑战大型生产企业的主导地位，将价格与商品款式的决定权从大型生产企业手中抢回来，因此众多零售企业积极地开发无品牌商品。

但现在，形势发生了逆转，零售企业的规模越来越大，生产企业要被迫接受零售企业提出的各种苛刻条件，甚至有不少生产企业迫于大型零售企业要求削减成本的压力，而难以坚守自己的产品开发理念。

无印良品不能对这种情况坐视不理，"Found MUJI"就是无印良品针对这一问题给出的回答。

堤清二曾经开展过多种事业，但他作为经营者一直到最后都念念不忘的只有无印良品。

他倾注在无印良品之中的不只是他作为经营者的热情，还有敢于同时代抗争的"反体制"的个人哲学。堤清二的理念如今仍然存在于无印良品之中。

将欧洲的高端品牌引入日本国内，收购世界一流的酒店集团，同时还执着于"便宜得有理由"，堤清二身上的"两面性"非常耐人寻味。

无印良品正因为完美地融合了堤清二的矛盾性，才具有独一无二的个性。

或许，这就是堤清二拥有的独特魅力。

第二章
西武百货

27岁时入职的西武百货，可以说是堤清二作为经营者的起点。尽管他是在身为众议院议长的父亲堤康次郎的命令下入职的，而且当时的西武百货已经摇摇欲坠，但堤清二还是以这个并不被人看好的事业为立脚点，开始了自己身为经营者的人生。

在西武百货，堤清二将他的反叛精神和创造性发挥得淋漓尽致。他将被揶揄为"拉面百货"的西武百货转变为新潮文化的发源地。1982年，糸井重里担任文案设计的广告词"美味生活"，作为"SAISON文化"的象征而广为人知。

除了传达SAISON文化之外，堤清二还通过西武百货开展了一系列揭示零售业未来发展方向的实验。西武百货就像是堤清二的"实验室"。组成SAISON集团的各种事业，也基本都是从西武百货诞生的。

"去零售化"和创建街区的想法要如何实现呢？让员工能够不受上下级关系束缚，自由地发挥自己能力的理想型的组织要如何创建呢？

西武百货曾经是日本零售行业销售额最高的百货商店，但因为泡沫经济崩溃以及堤清二一系列改革的影响而衰败。

即便如此，西武百货当年实践的诸多创意，仍然能够给现在的百货行业带来启发与提示。

第二章 西武百货

第一节 革新总是从逆境中开始的

在第二次世界大战结束后不久,东京出现了许多以交易各种生活物资为主的黑市,而位于池袋的黑市则是东京市内数一数二的大型黑市。

与这个黑市连为一体的,是毗邻池袋站的武藏野百货——西武百货的前身。

武藏野百货最早是一家名叫"菊屋"的店铺,在1940年被堤康次郎收购之后改名为"武藏野百货"。因为堤康次郎当时已经得到了武藏野铁路(现在的西武铁路)的经营权,所以打算在武藏野铁路的终点站池袋开展零售事业。

虽然武藏野百货的店铺在第二次世界大战中被摧毁,但其经营者在战争后支着帐篷坚持经营。当时武藏野百货的规模大概就和现在的连锁便利店差不多,以销售蔬菜、水果、鱼等食物为主,对深受食物不足问题困扰的铁路沿线的居民来说非常重要。

1949年,武藏野百货更名为"西武百货",当时是一栋两层的木

39

质结构店铺,这就是西武百货的起点。

可以说,西武百货从启航时就不是一帆风顺的。

随着日本经济在第二次世界大战后复兴,东京与大阪的百货商店都逐渐恢复了活力,而西武百货一直处于不温不火的状态。三越、松坂屋、高岛屋、伊势丹等拥有悠久历史的老牌店铺自不必说,就连阪急百货和东横百货(现在的东急百货)等私营铁路下属的站前百货都比西武百货要繁荣得多。

堤清二18岁的时候,第二次世界大战结束了。

随后,堤清二进入东京大学经济学部。他加入日本共产党,参加学生运动,但遭遇失败。毕业后,他身患结核病,需要长期疗养。

1953年,他身为政治家的父亲堤康次郎被选为众议院议长,堤清二成了议长秘书。1954年,27岁的堤清二在父亲的命令下入职西武百货。堤清二本人并不希望去西武百货工作。但当时西武百货的经营者是他的舅舅青山二郎,因此堤清二的母亲劝说他接受这份工作。

虽然堤清二对百货商店的工作并没有什么兴趣,但他在入职之后就立即推出了一系列新政策。或许是因为经历过学生运动的20多岁的年轻人特有的理想主义,以及对专制的父亲的叛逆心理,堤清二提出的政策之一就是定期录用大学毕业生。

西武百货从1956年开始就定期录用大学毕业生。一位当时被录用的人说："那个时候，堤清二的父亲堤康次郎经常将全公司的人召集到一起，向大家讲话。我们这些大学毕业的员工都会躲在后面，不让堤康次郎看见。因为堤康次郎认为百货商店的工作应该由女性负责，只是卖东西而已，用不着大学生。"

堤清二入职西武百货的第二年就升任为池袋总店的店长，他立即推出了许多改革措施。

虽然入职西武百货完全是父亲的安排，但堤清二在入职之后立即就对家长式的经营管理方法进行了改革。"他仍然邀请堤康次郎前来演讲，但在公司的管理上却完全不听堤康次郎的指令"。

一直以来，西武百货除了录用高中毕业的女性之外，还录用了许多有关系的员工，因此就像是家族式企业一样。在开始录用大学毕业生的1956年，堤清二向员工们宣布"要成为日本第一的百货商店"，西武百货的销售额在东京的百货商店之中也仅仅排在第九位。

从弱小的百货商店开始

逐渐对经营百货商店产生热情的堤清二认为，如果不培养大学毕业的员工，就无法与三越、高岛屋、伊势丹等百货商店竞争。堤清二还说服父亲同意成立工会，为吸引年轻人才竭尽全力。当时，堤清二在工作结束后总会邀请年轻的员工来自己家里召开学习会，他这样做的目的是提高团队的凝聚力。

后来成为西洋食品（前身为西武餐厅）社长的杉本惇是第二批被录用的大学毕业生，他回忆说："堤清二那时候随时有被从店长的位置上撤职的危险，所以他拼命地拉拢我们这些年轻人。"当时，西武百货里都是元老级别的干部，28岁就担任店长的堤清二的权力基础十分薄弱。

即便如此，堤清二仍然没有放缓经营改革的脚步。他否定了舅舅青山二郎的经营方针，为了引进优良商品，堤清二亲自与那些知名品牌的生产企业谈判。当时，西武百货只不过是西武铁路的一个事业部，所以必须绝对服从西武集团的统帅堤康次郎的命令。

1962年，西武百货在美国洛杉矶开设分店，堤清二对此并不赞同。他这样回忆道："我那身为政治家的父亲让我在洛杉矶开设分店。我认为这根本不可能取得成功，西武百货没有那种实力。但父亲说，要以日美关系为重，民间外交必不可少。他说我在大学里书读得太多了，反而不会做事。"

在美国获得的宝贵经验

堤康次郎作为日本政界的大人物，在西武百货开设洛杉矶分店之前，就带着堤清二前往美国，与时任美国总统的艾森豪威尔见面。当时，两国外交的主要议题是《日美安全保障条约》的修订工作，而堤康次郎此行的目的是加强两国关系并邀请艾森豪威尔前往日本访问。

在这样的背景下，堤康次郎对在美国开设西武百货的分店一事非常执着。西武百货洛杉矶分店的占地面积达10 000平方米，规模庞大。但西武百货洛杉矶分店在开业短短两年后亏损超过40亿日元，在1964年宣告停业。

同年，堤康次郎病逝，事业由孩子们继承。在西武集团的主要事业之中，铁路和不动产都由堤清二同父异母的弟弟堤义明继承，堤清二继承的只有西武百货。

堤清二这样回忆道："我继承的是负债累累的西武百货，随时都有破产的可能。但我反正也不是穿着西装出生的，就算脱掉这身西装也无所谓，不如放手一搏。"

虽然在洛杉矶开设分店给西武百货造成了沉重的负担，但堤清二也从中学到了非常宝贵的经验。在分店开设之初，堤清二也在洛杉矶生活了半年左右，通过对当地企业进行调查，他对零售业的未来得出了一个结论："百货商店的黄金时代很快就会结束。随着生活水平的提高，消费者能够选择的零售业态越来越多。虽然日本和美国的国情不同，百货商店或许还能保留下来，但也应该做好最坏的打算。"

20世纪60年代是日本百货商店的黄金时代。但堤清二在这个时候已经意识到百货商店行业终将凋零的宿命。他的这种先见性，后来成为SAISON集团在日本的零售行业实现与众不同发展的原动力。

"堤清二说他没看过约瑟夫·熊彼特的著作，但他所做的一切，完全就是熊彼特提出的'创造性破坏'。"日本金融巨头CREDIT SAISON（季节信贷）的前任社长林野宏这样说道。

从被揶揄为"拉面百货"的西武百货池袋站前店起步，又遭遇洛杉矶分店失败的打击，西武百货背负了沉重的负担。在任何人看来，西武百货都无法与其他老牌的百货商店相抗衡。

但在亲自考察了美国零售行业形势的堤清二看来，任何一家百货商店都是"五十步笑百步"。不管现在多么强大的百货商店，如果不进行变革，很快都会没落。

20世纪60年代以来，堤清二就在旅居巴黎的妹妹堤邦子的帮助下，率先将众多欧洲高端品牌引入西武百货。通过引进爱马仕、圣罗兰等高端品牌，西武百货的档次在很短的时间内大幅提升。

但考虑到将来的发展，还需要更加大胆地进行"创造性破坏"。堤清二具有极强的危机意识。

劣势也是优势

堤清二不但在1986年通过开设西武百货涩谷店推行多店铺战略，还对传统的百货商店的形态进行了大胆创新。

自从就任西武百货社长以来，堤清二一直对西武百货池袋总店进行扩建和改造。1975年，在第九次扩建完成后，西武百货池袋总店已经进化成为百货商店行业的一艘巨舰。

但实际上，西武百货池袋总店存在着一个巨大的劣势。因为紧挨着车站,所以西武百货池袋总店在扩建的过程中变得越来越狭长。来店的顾客站在卖场之中甚至一眼看不到头。如果想从卖场的一边走到另一边,需要走很长时间。这种狭长的结构也给员工的工作带来了极大不便。

"革新总是从逆境开始的",每当我试图对堤清二的思想进行分析时,总是会先想起这句话。只要改变一下思考的角度,就能将劣势变成优势、将劣势变成竞争对手没有的独一无二的特征。

"只要把这个店铺看作是一条狭长的街道就好了,路上可以有巡警和公交车,有什么都可以。"曾担任西武百货社长的水野诚一回忆说,在制订第九次扩建计划的会议上,堤清二这样说道。水野诚一是堤清二的表弟,以善于市场营销而著称,所以负责了许多与促销相关的大型项目。

因为西武百货池袋总店在不断扩建,所以入驻的店铺形形色色、种类繁多。堤清二认为"普通的四四方方的店铺太没趣了",像街道一样的拥有多样性的店铺反而更加有吸引力。这就是将劣势当作优势充分地利用起来。

后来在20世纪80年代大放异彩的广告文案的诉求表达力,也在这一时期初露端倪。在第九次扩建后,西武百货池袋总店的广告语是"西武是全新的街区 走在街上能看到美术馆、公园和广场"。为了实现这一创意,西武百货池袋总店内部设置了许多模仿购物街、公园以及广场的场景。但最吸引人目光的,当数西武百货池袋总店顶层的西武美术馆了。西武美术馆是20世纪70年代到80年代西武百货"自我否定型革新",也就是"去零售化"战略的象征。西武美术馆以堤清二最痴迷的现代美术为中心,向顾客传递知性与美的信息。

贴近生活方式的改变

在去零售化的同时,西武百货在第九次扩建中提出的方针还有"根据生活方式对商品进行分类"。

"去零售化"和"根据生活方式对商品进行分类"这两个概念直到现在也经常被零售业和时尚行业提起。大约50年前,西武百货在20世纪70年代就已经开始践行这些理念了。

作为战略基础的堤清二的理念,虽然听起来有些幼稚,但宗旨非常明确,那就是站在消费者的角度思考问题。经历了高速的经济发展之后,生活必需品已经普及,消费者开始根据各自的价值观追求"更好的生活"。零售业需要做的就是贴近消费者的需求。

1975年,堤清二在西武百货的内部报告中表述如下:"消费者追求更丰富多彩的生活,希望生活过得更有意义,希望得到生活的智慧。卖场必须满足消费者的这些需求,提供相应的商品。"

在第九次扩建完成后,西武百货在八层到十一层开设了"休闲馆",以满足"根据生活方式对商品进行分类"的需求。

后来的杂货专卖店LoFt、音乐专卖店WAVE(波)、书店LIBRO

（图书）等SAISON集团旗下的连锁专卖店都诞生于此。

在"衣、食、住"的需求已经得到满足的时代，零售业必须把握"游、休、知、美"等消费者的全新需求。因此，百货商店必须打破自己传统的商品构成，通过专卖店来追求更深、更广的商品结构。这一举措充分地体现了堤清二的时代解读力与先见性。

最能体现贴近生活方式改变的卖场，当数销售居家用品的All My Dining（我的所有餐饮物品）。在All My Dining中，销售各种与餐厅相关的家具和家庭用品，完全打破了传统的商品分类方式，而且销售的商品在设计上还具有极高的统一感。

正如社会学家上野千鹤子在其著作《SAISON的创意》中分析的那样，第九次扩建之后西武百货的主要目标消费群体是结婚之后组成家庭的"团块世代"。

当时，西武铁路沿线出现了许多综合超市，消费者大多在自己家附近的商店里解决日常的购物需求。因此，要想将消费者吸引到位于市中心的百货商店，必须让他们具有极强的动机才行。于是，西武百货开始努力提升商品的档次，力求让商品体现出前所未有的高级感。

在第九次扩建时进行的问卷调查结果表明，西武百货在"一流""高级""传统"等项目中的分数全都大幅低于高岛屋与二越等竞争对手，甚至连伊势丹都不如；在"简约""品位""时尚"等项目中也不敌伊势丹。

虽然西武百货第九次扩建确实引发了社会的广泛关注，极大地提高了自身的知名度。但要想战胜竞争对手，西武百货还必须拿出更多的手段才行。

诞生于百货商店的连锁专卖店

在第九次扩建完成之后，西武百货池袋总店的第十次扩建具有更加明确的进化方针。从1979年到1980年，西武百货内部一直在讨论第十次扩建和改造方案的具体内容。最后，高层管理团队提出的方针是"大型专卖店"。

一直到20世纪60年代，日本的消费者对商品和信息非常热衷。但进入20世纪70年代之后，商品越发充足，关于商品的信息也通过杂志和电视等媒体迅速传播，第一批成熟的消费者出现了。

在这样的环境下，百货商店和综合超市如果继续和之前一样只是单纯地将商品陈列出来，很难引起消费者的兴趣。堤清二敏锐地觉察到了市场的变化，采取了相应的措施，那就是推出"大型专卖店"。

1979年，西武百货推出第一批大型专卖店。这就是第十次扩建的核心项目"西武运动馆"。这个占地约4 400平方米的大规模卖场总投资大约为45亿日元。

在西武运动馆中，就连骑马、羽毛球等当时几乎没什么人玩的体育运动的用品都十分丰富。对于流行的体育运动的用品，西武运动馆提供了从信息到维护、保养的全套服务。在卖场中，还有被称为"运动专家"的专业员工为顾客排忧解惑。

1980年，装饰馆开业。1982年，堪称现代卖场地下美食广场先驱的食品馆开业，投资大约为41亿日元。这是零售行业应对消费者全新饮食生活习惯的一次大胆尝试。食品馆内拥有品种齐全的生鲜食品，而且十分重视信息传播。

通过阶段性扩建和连续增加新卖场，西武百货池袋总店的销售额不断提高。在20世纪80年代前半段，西武百货池袋总店的年销售额超过日本桥三越总店，成为百货商店行业的第一名。

在这一时期，除了池袋总店之外，西武百货还在日本各地扩张，开设分店。西武百货池袋总店扩建则是支撑西武百货大规模扩张战略的原动力。曾经的"拉面百货"终于登上了百货商店行业的顶峰。

在20世纪80年代，西武百货不但扩张势头迅猛，在时尚等领域也拥有非常强大的信息传播力。

当时，西武百货广泛引入欧美高端品牌。由西武百货引入日本的欧美高端品牌不只有前文提到过的爱马仕、圣罗兰等法国高端品牌，意大利的阿玛尼的日本分公司就是由西武百货和伊藤忠商事共同成立的，美国的拉尔夫·劳伦的日本分公司的前身是西武百货的子公司。

现在，人们心中日本时尚性最强的百货商店可能是伊势丹，但在20世纪80年代，"时尚西武"是不输于伊势丹的存在。

一位在伊势丹工作过的高层管理者说："当时，我去位于涩谷和池袋的西武百货的卖场考察了一圈，回来后感觉压力很大。因为西武百货总是在传递最新的信息，势头完全盖过了伊势丹。"

西武百货依靠银行贷款实现了迅速扩张，虽然这种方法伴随着极高的风险，但堤清二确实在百货商店行业成就了一番伟大的事业。他成功地让供应商看不上的三流店铺蜕变为行业内最引人注目的百货商店。这是只有堤清二才能实现的伟业。

第二节 SAISON 使文化变得"大众化"

20世纪80年代，西武百货成为老牌百货商店危险的竞争对手。西武百货的强大之处就在于崭新的经营店铺的理念以及让消费者拥有梦想的巧妙的宣传战略。

SAISON集团营造出了一种"让普通大众也能够享受文化陶冶"的氛围，这在当时被称为"SAISON文化"。SAISON集团使原本只有少数富裕阶层才能享受到的文化变得"大众化"。

糸井重里回忆说："我脱了鞋靠在椅子上，一边吸着烟一边和堤清二进行讨论。在会长室里，我像只猴子一样无拘无束，坐在我身后的助手一个劲地提醒我注意形象。但堤清二对我散漫的个性非常宽容。"

糸井重里在30多岁的时候开始负责创作SAISON集团的广告文案。

1979年，他为北海道旭川的商业设施创作广告歌的歌词，当时负责作曲的是矢野显子[①]。因为这首广告歌大受好评，糸井重里被西武百货邀请创作1980年的年度广告。

同年，糸井重里创作的"自己、新发现"的广告语引发了热烈的反响。随后，糸井重里又接连创作出了"不可思议、非常喜欢""美味生活"等能够诠释SAISON文化的经典广告语。

在从事这些工作的同时，糸井重里还负责SAISON集团整体的企业广告业务。因此，他经常需要与堤清二直接沟通。

糸井重里说："有时候，关于在空地上修建商业街的不动产事业，还有如何提高企业业绩等事业计划，堤清二还会咨询我的意见。现在回忆起来，对企业来说，让一个30多岁的人全权负责经营企划的广告业务，这绝对是非常冒险的行为。如果不是因为初生牛犊不怕虎的话，我那个时候一定会感到很惶恐。"

在糸井重里看来，堤清二不仅是经营者，更是发掘优秀人才并给他们提供展示自己才华舞台的经纪人。

堤清二与田中一光、浅叶克己[②]等当时活跃在一线的新锐艺术家

[①] 矢野显子是日本爵士钢琴手、著名歌手，常常从事跨领域音乐创作。
[②] 浅叶克己是日本平面设计大师、国际平面设计师联盟会员、亚洲字体专家、日本乒乓球协会会员，现为东京造形大学和京都精华大学客座教授。

和创作者建立了紧密联系，努力提高企业的信息传播能力。

糸井重里这样评价："只要是人们感兴趣的内容，堤清二都能将其制作得有声有色。"

不用明星，创造艺术

西武百货将广告也变成了一种文化。著名的广告文案师仲畑贵志也在堤清二的邀请下为SAISON集团设计广告文案。他回忆说："堤清二尽可能不邀请明星来做广告。这可能是因为他认为与其花钱购买现成的东西，不如花钱自己创作。这也非常明显地反映了堤清二的个性。"

在说起堤清二的时候，他以"辻井乔"为笔名创作诗歌与小说的作家身份绝对不能遗漏。

尽管他被经济界人士讽刺为"诗人经营者"，但堤清二在创作上倾注的热情远超常人。

20世纪70年代到80年代，早在SAISON文化席卷日本之前，堤清二就凭借自己的感性与直觉，将美术、戏剧、音乐等文化内容融入自己的事业之中。

最大的转折点是1961年，西武百货池袋总店当时举办了瑞士抽象画家保罗·克利的美术展。在收录了与上野千鹤子对谈的《后消费社会的未来》中，堤清二（文章中用的名字是辻井乔）介绍说，当时的百货商店为了吸引顾客，一般都会举办日本著名画家的画展。但这些日本著名画家是"不会在池袋这样的地方举办画展，更不会选择在西武百货这个新兴的百货商店"。

于是，堤清二将目光放在了现代绘画和抽象绘画上。虽然其中有不少让人难以理解的先锋派艺术作品，但因为堤清二非常喜欢，所以现代绘画和抽象绘画就成为西武百货日后文化活动的主要内容。不管吸引顾客的效果和成本是否划算，"通过举办新潮的文化活动，西武百货的知名度确实得到了提升"。

在这样的趋势下，西武美术馆于1975年在西武百货池袋总店的顶层开业，"在百货商店内开设常驻的美术馆是西武百货首创的"。

西武美术馆的展品以美国画家贾斯培·琼斯等现代美术家的作品为主。堤清二个人资助的现代音乐家武满彻和作家安部公房等人也得到了许多在SAISON集团旗下的剧场中发表作品的机会。

利用形象战略提高"档次"

20世纪90年代，泡沫经济崩溃之后，日本社会对堤清二的批评越发强烈，很多人认为堤清二"将个人感兴趣的晦涩难懂的艺术硬塞进SAISON集团事业之中，给经营工作造成沉重的负担"。

但林野宏认为，堤清二采取的以艺术为中心的形象战略，极大地提高了西武百货作为新兴企业的"档次"。林野宏说："堤清二总是能抢先一步觉察到大众的需求，因此他成功地将西武百货的形象提升到比三越、高岛屋以及伊势丹更高的水平。"

西武百货的形象战略不仅停留在堤清二喜好的现代美术上，更涵盖了广告、广播、出版、电影制作等大众媒体，这也是其最大的特征。

20世纪70年代到80年代，西武百货作为亚文化的代表深受年轻人喜爱的原因就在于此。

林野宏在1982年前往CREDIT SAISON工作之前，一直在西武百货负责企划等工作。当时，堤清二对他下达了这样的指示："不久之后，日本政府可能就允许私人开设广播电台了。你做一下准备，将来凡是有西武百货商店的地区，我们都要有自己的广播电台。"

林野宏立刻前往日比谷图书馆借了三本与广播相关的书籍，开始学习美国的相关制度。据林野宏回忆，由于这个政策优先扶持当地资本，所以西武百货想成立自己的广播电台并不容易。于是，西武百货只能对当地的企业进行投资，再让当地企业出面成立广播电台，通过这种"曲线救国"的方法，西武百货逐渐在日本建立起广播网络。

与此同时，西武百货也迎来了在东京开设广播电台的机会。林野宏考虑尽量减少语言类的节目，以播放音乐为主，名称叫"FM 24"。林野宏说："听到我的提议之后，堤清二说'内容没什么问题，但名字要再考虑考虑'。最后，广播电台的名称被确定为'J-WAVE'"。在SAISON集团资本的支持下，J-WAVE于1988年成立。

富家子弟的情结

收藏艺术品自古以来就是只有富豪才能拥有的奢侈兴趣之一。

比如同为私人铁路集团的东急集团的创始人五岛庆太就拥有一个专门收藏古艺术品的五岛美术馆。身为大富豪的堤康次郎也有收藏古艺术品的爱好。但堤清二对文化的态度和父亲截然不同。与收藏艺术品相比,堤清二更喜欢将艺术品充分地利用起来。堤清二将自己创建的美术馆称为"时代精神的根据地",并将其作为与大众进行交流的手段。

他的内心究竟有怎样的想法呢?糸井重里回忆,在堤清二的言行中,有一点给他留下了特别深刻的印象。在西武百货的形象战略取得成功、企业的"档次"得到提高之后,堤清二要求员工不能在工作时摆出一副"高高在上"的样子,而要保持贴近大众的态度。糸井重里说:"堤清二在教导那些干部时经常说,西武百货最早的顾客就是普通大众,现在也没有什么了不起的。他认为绝对不能将普通大众拒之门外,而要让普通大众也能堂堂正正地走进来。"

堤清二本人绝对不是普通大众。他是出身于特权阶级的精英。糸井重里这样分析道:"我觉得他对世间真正的情况并不了解。虽然他总是说'必须了解普通大众',但其实最不了解普通大众的人就是他自己。毕竟他是大企业家的儿子,和大荣的创业者中内功完全不一样。他对普通人的那种态度,完全是下意识地培养出来的,因为他觉得自己应该这样做才对。我觉得这正是因为他有一种富家子弟的情结。"

经历过战败的文化人大多都更加贴近普通大众。但是除了这个因素之外，堤清二还有他对自己身为大资本家的父亲的逆反心理。

其中存在着一个巨大的矛盾，堤清二和他父亲一样都属于上流社会，这是无可争辩的事实。恐怕在堤清二的一生中，这种矛盾都存在于他的内心里，挥之不去。

正因为如此，西武百货的形象战略才能朝着让普通大众也能平等地享受SAISON文化的氛围、能够感受到"美味生活"的方向前进。

第三节 接连挫折之中的先见性

通过西武百货的形象战略，SAISON文化席卷了日本。在SAISON文化最为盛行的1984年，西武百货开始了被称为"第二次多店铺展开"的扩张攻势。

这次扩张攻势非常成功。1987年度，西武百货的销售额超过三越，成为日本百货商店行业的销售冠军。西武百货池袋总店的销售额也成为日本销售额排名第一的百货商店。作为一家开业不到50年的企业，西武百货登上了行业第一的宝座。

第二章 西武百货

在"第二次多店铺展开"的过程中,西武百货有乐町店(1984年10月开业)、西武百货筑波店(1985年3月开业)、西武百货冢新店(1985年9月开业)三家店铺,对西武百货具有非常重要的战略意义。在短短一年的时间内相继开业的这三家店铺是凝聚了堤清二全新思想的一次尝试。

堤清二认为如果不从根本上改变百货商店的经营方式,西武百货就无法在未来竞争激烈的市场中生存下去。因此,他从计划阶段就参与这三家店铺的建设工作,力求打造符合自己理想的百货商店。

这三家店铺受地理位置和规模制约,如果仍然按照传统的方式经营,那就很难取得好的发展。因此,堤清二给员工提出了非常严格的要求,多次对计划进行调整。堤清二经常用特别抽象的语言来描述自己大脑之中的想法,员工需要绞尽脑汁才能理解他的想法,并将其具体化。

"银座和有乐町地区是日本著名的商业中心。可以说,西武百货有乐町店的成败关系到SAISON集团的整体形象。"曾在西武百货任职,后来出任杂货专卖店LoFt第一任社长的安森健在提起西武百货有乐町店开业的意义时这样说道。

西武百货的店铺之前一直位于池袋、涩谷等东京市中心西侧的商业区。西武百货有乐町店开业标志着西武百货终于进驻了在全世界名列前茅的著名商业中心银座和有乐町地区。

堤清二这样描述自己对银座的向往:"虽然我们在涩谷和池袋的

57

门店都取得了成功,但我内心之中一直认为,如果不能在银座取得成功的话,我们就不能被称为'日本的百货商店'。"

当时,在银座和有乐町地区,已经有松坂屋、三越、松屋、崇光等店铺。

在SAISON文化的鼎盛时期,西武百货在年轻人中的知名度远高于竞争对手。但即便如此,要想提高作为百货商店的"档次",在日本最有代表性的商业中心取得成功是必不可少的。

西武百货有乐町店位于有乐町车站附近一个叫"有乐町Mullion"(有乐町竖框)的二次开发大楼之中,毗邻阪急百货。西武百货有乐町店卖场面积约为13 000平方米,非常狭小,只有竞争对手松屋银座店的三分之一。由于遭到当地商业界强烈抵制,西武百货有乐町店的店名不能带有"银座"。

"恰到好处的小空间、大世界",糸井重里负责该店的广告文案策划,他充分利用店铺面积小的特点,传达出西武百货力求创造全新百货商店的追求与热情。

这就是能够在逆境中迸发出的SAISON集团的真正实力。糸井重里这样回忆道:"虽然店铺面积小,但品类非常丰富,比如店里销售旅游产品和保险产品,还有销售全日本乃至全世界美酒的'酒窖'。现在零售业从业者常说要从商品消费转变为内容消费,但至今为止很少有人能够真正将这一理念具体化。"

西武百货有乐町店摆脱了以销售商品为中心的百货商店的传统

形态,力求为都市生活者提供一个全新的商业空间。

堤清二希望能够将西武百货有乐町店打造成一个全新的信息传播中心,作为西武百货推行"去零售化"路线的象征。

内容消费的象征"销售票券"

西武百货有乐町店为消费者提供了哪些信息呢?

比如SAISON集团的西武CREDIT(西武信贷,现为CREDIT SAISON)就为消费者提供金融信息,不动产公司西洋环境开发则为消费者提供关于海外公寓和度假区等信息。

最早在西武百货有乐町店导入的TICKET SAISON(季节票券),就是以传播信息为主的"内容消费型百货商店"的象征。

当时已经出现了利用电脑系统销售票券的Ticket Pia(皮亚票券)。SAISON集团最初打算与Pia(皮亚票务公司)合作,但最终决定成立自己的票务事业部门销售票券,以全新的方式为消费者提供"内容消费"的代表性产品演唱会和戏剧表演。

在西武百货有乐町店开业的同时,TICKET SAISON也宣告正式启动。

当时,TICKET SAISON的负责人是桥本行秀。他原本在西武百货的销售企划部门工作,全程参与了西武百货有乐町店的整体规划工作。

回忆起当时的情景,桥本行秀说:"因为新开业的西武百货有乐町店必须成为时代转变期的信息传播基地，所以特别开设了'生活信息馆'。但《日本消防法》规定，卖场的八层不能销售有形商品。我们经过反复讨论，终于找到了能够将八层合理利用起来的方法。堤清二认为在今后的时代，'卡片'和'预约'将成为关键词。"

事实上，信用卡早就已经普及了，SAISON集团也在零售行业中率先成立了西武CREDIT。但"预约"究竟是什么意思呢？

桥本行秀说："堤清二所说的'预约'的概念其实非常广泛，除了与旅游相关的预约之外，还包括与娱乐内容相关的预约。他举例说'比如消费者参加庆典活动，可以提前预约贵宾席，以便近距离地观赏节目'。"

堤清二预见到未来的消费者将对内容消费产生更多需求，而且具有稀缺性的娱乐活动的价值也将越来越高。

西武百货有乐町店在堤清二的指导下，全力为消费者提供与信用卡及旅游相关的信息内容。

与此同时，SAISON集团内部也讨论了销售娱乐活动的相关票券的可能性。当时，SAISON集团还准备在西武百货有乐町店附近开设"银座SAISON剧场"（银座季节剧场）。在剧场管理者的强烈要求下，基于堤清二的预判，SAISON集团决定自己创立票务事业部门。

虽然SAISON集团在票务事业领域没有任何经验，但桥本行秀仍然自告奋勇担任这一事业的负责人。

"这是接近偶像的绝佳机会。"桥本行秀说。因为堤清二总是能够准确地预见到时代的发展趋势，所以很多员工对他非常信赖。为了让堤清二提出的票务事业走上正轨，桥本行秀说自己"几乎以不眠不休的状态工作"。

为了保证拥有足够的票券，桥本行秀每天都主动去拜访活动的主办方，请求对方给自己提供票券。

在桥本行秀的努力下，诞生于西武百货有乐町店的TICKET SAISON，逐渐发展成为与Ticket Pia齐名的票务巨头。

如今，TICKET SAISON的事业被大型网络票务企业e+继承。作为新事业的孵化器，西武百货有乐町店发挥了非常重要的作用。

由于松竹和东宝等电影院进驻了"有乐町Mullion"的上层，因此这里逐渐成为购物中心，1984年开业时甚至引发了"Mullion现象"（竖框现象），吸引了大量消费者。

拥有众多功能的复合型商业设施和购物中心成为消费市场的主角。第一时间觉察到这一趋势的堤清二则开始了自己创建街区的尝试。

"不建造店铺，建造街区"

西武百货有乐町店开业后，位于关西兵库县尼崎市的西武百货冢新店也于1985年开业。冢新（冢口新町升发发展都市）是在废弃的工厂上修建起来的商业区，西武百货冢新店就开设在其中。

"不建造店铺，建造街区"，在堤清二的这一宣言下，西武百货冢新店的关键词就是"生活游乐场"。

也就是说，堤清二的目标不是创建一个以百货商店为主的购物中心，而是创造一个全新的街区。

除了销售商品外，这个商业街区还包括娱乐和学习等诸多要素。从这个意义上来说，堤清二可以算是现代购物中心的开创者。创造一个全新的街区，更是超越现代商业设施范畴的伟大构想。

比如在"冢新"之中，有教会、饮食街、小河、池塘，还有可以举办演唱会的"YOUNG LIVE馆"（年轻生活馆）。

堤清二等人一边研究日本各地的商业街，一边制订冢新的开发计划。他们没有采用传统的购物中心的设计方案，大胆地将真正街区应当拥有的丰富要素加入其中，力求创造一个让消费者不会感觉到疲惫的购物环境。这就是堤清二理想中的超出商业设施框架、将城市设计理念加入其中的项目。

堤清二基于自己的理念提出的大胆的事业构想，得到了社会各界的广泛关注。思想家吉本隆明就是关注者之一。糸井重里回忆说，吉本隆明的评价是"左翼政党说的那些根本就不是革命，堤清二建设的'冢新'才是革命"。

理念第一，成本第二

西武百货冢新店给零售业以外的其他行业也带来了巨大的冲击。1986年4月23日，《埼玉新闻》刊登了埼玉县知事与堤清二对谈的内容，堤清二说："日本各地的人都前来冢新参观学习，也有从埼玉县来的，其中似乎有不少负责城市设计工作的人。"

这也就是说，一家民营企业设计的城市规划，被来自日本各地的相关人士参观学习。

堤清二还打算在冢新建设酒店和剧院，当时SAISON集团在冢新的投资已经超过200亿日元。

虽然西武百货冢新店备受关注，但收益不容乐观。堤清二为了实现自己的理想，根本不考虑成本。西武百货有乐町店同样存在这样的问题。

一位曾经参与过西武百货冢新店筹备工作的西武百货的管理者说："在制订计划的会议上，堤清二问大家是否记得以前有一首关于冢新的和歌。"那是一首关于细竹的和歌。有一位参会人员就此提议："有一种瓷砖在灯光的照射下就会出现像细竹一样的效果，可以在建筑物中使用。"结果，西武百货冢新店内部果然用了那种瓷砖。

一位曾经在SAISON集团工作过的管理者说，为了让西武百货冢新店看起来像真正的街区，建筑内部还种植了真正的树木，这也是推高成本的原因之一。一般来说，因为落叶打扫起来很费劲，所以在商业设施中几乎不会种植落叶树。但堤清二坚持种植落叶树，因为他认为"这样能够让消费者拥有踩在落叶上散步的体验，非常棒"。

在西武百货冢新店开业的同一年，位于茨城县的西武百货筑波店也开业了。

在人口数量不多的地方开店，采取让消费者自己开车前来的策略，这是对百货商店吸引消费者能力的一种测试。

就在西武百货筑波店开业的同一时期，"国际科学技术博览会"也在筑波研究学园都市举办。因此，西武百货筑波店在某种意义上相当于SAISON集团推出的一个展厅。

但因为学园都市的人口数量非常稀少，所以其他百货商店对于在这里开设店铺并不积极。

最初，在第三期开发的购物中心里，只有西武百货和吉之岛（现在的永旺）进驻。

曾为西武百货管理者的安森健在西武百货筑波店开业时担任店长。在开业的准备阶段，他发现大荣也打算在附近开设一家规模庞大的店铺，据说堤清二得知此事之后非常愤怒。堤清二说："真不知道为什么大荣要在这种地方开店，而且是规模这么庞大的店铺。我们必须想点儿办法才行。"

"国际科学技术博览会"开幕时，除了西武百货与吉之岛之外，大荣的大型店铺也开业了，百货商店之间的竞争一下子激烈起来。

由于要遵守《日本大规模零售店铺法》，三家企业店铺的规模必须与当地政府进行协调。在这个过程中，实际上比拼的是西武百货与大荣的政治实力。为了尽可能让自己获得比竞争对手更有利的局面，安森健等人竭尽全力。

安森健在担任西武百货筑波店开业准备负责人的时候，就因为说错了一个字，便遭到了堤清二严厉训斥。

他在向堤清二说明店铺计划时说"西武百货筑波店里也有电影院"。这句话让堤清二很不高兴，因为安森健用了"也"这个字。

在物质极大丰富的时代，服务、娱乐以及信息就变得越发重要，对于深知这一点并提出"去零售化"战略的堤清二来说，"电影院与百货商店是平等的"。因此，他希望安森健牢牢地记住，电影院绝对不是百货商店的附属设施。

明明应该想尽一切办法提高电影院的吸引力，安森健却将其贬低为附属设施，堤清二可能觉得安森健连最基本的方针都搞错了。安森健说："他当时肯定心里在想，绝对不能让安森健那家伙就这么蒙混过去。"

"你们对'机电化'的认知度太低了。"堤清二这样对安森健说道。西武百货筑波店提出了"机电化店铺"的理念，但堤清二感觉到西武百货整体对机电化的态度不够认真。

利用技术解放人力

"机电化"是指利用自动搬运系统使店内的物流合理化。这在当时算是高科技。在SAISON集团中，位于横滨市的西友百货能见台店最早引入了这项技术，而西武百货筑波店是第二家引入这项技术的门店。

负责SAISON集团全部广告业务的糸井重里曾经询问过堤清二为什么要导入机电化。糸井重里说："最初，我们的话题围绕超市里引入机器人相关的内容，后来逐渐聊到未来的发展趋势。堤清二认为今后机器人将能够代替人类从事一部分工作，因此在今后的工作中要关注这个问题。现在，这一情况正在逐渐变为现实。"

如今，日本的劳动力极度匮乏，不仅制造业，就连零售业和服务业都开始积极地使用机器人了。堤清二早在近40年前就预见到了这一点。

不仅如此，在"为什么要导入机器人"这一点上，堤清二也有着非常先进的理念。堤清二希望能够通过机器人等先进技术减少职场中简单的体力工作。他坚信科学技术发展的目的是让人得到自由。

赋予现场权力

当然，即便技术革新能够减少简单的体力工作，但如果不从根本上改变组织的制度，仍然无法使人得到真正的自由。如果现场的员工只会遵照上级的命令工作，完全没有自己的创意，就无法打造能够让顾客感到满意的店铺。

出于上述考量，堤清二导入了对于当时的百货商店行业来说具有划时代意义的制度。那就是"销售专员制度"。1975年，随着西武百货池袋总店大规模扩建，这个制度被正式导入。

这种从根本上破坏传统男权社会金字塔形组织结构的制度，堪称堤清二经营哲学的精髓，也可以说是对传统百货商店经营模式的一种挑战。

销售专员全权负责店铺的采购、促销、陈列、销售等所有业务。堤清二大胆地将伴随着巨大责任的任务都赋予了现场的员工。被选为第一批销售专员的员工约有70人，其中三分之一是女性。

成为销售专员的员工可以不受职场中上下级关系束缚，根据自己的想法对店铺进行运营。将权力赋予对卖场和商品最为熟悉的现场员工，这种对秩序的大胆破坏非常符合堤清二的风格。

堤清二的做法给一直沿用金字塔形组织结构导致工作方法僵化的百货商店行业造成了巨大的冲击。

一位被选为第一批销售专员的女性员工说："当时被选为销售专员的员工的年龄从20多岁到40多岁，在公司里的职位也是从普通员工到部长级别的干部都有。销售专员负责的商品几乎涵盖所有的领域，甚至有的人成为高端品牌的销售专员。他们需要亲自前往这些高端品牌在欧洲的总部进行采购。我们店派年轻女性员工前往海外进行采购，而竞争对手派去的都是四五十岁的部长级别的人。这种情况十分常见。对百货商店行业来说，这件事情绝对是具有划时代意义的。"

堤清二希望这些销售专员能够成为专卖店的店主。百货商店这种商业模式一般都是商业设施拥有固定客源，而设施内部的各个店铺则很难拥有自己的固定客源。因此，只能以大众消费者作为目标顾客群体。但在将权限赋予销售专员之后，他们就可以在运营店铺日常工作的同时开拓和维护顾客，从而增加店铺的固定客源。这就是堤清二的目标。

让百货商店变成集中了充满特色的店铺的商业街，这就是堤清二理想中的全新百货商店的形态。

如今陷入困境的各大百货商店在思考重生的方向时，堤清二的这一理念是非常宝贵的启示。

不被上下级关系束缚的组织

对员工来说，销售专员制度最初也给他们带来了许多的困扰。年轻的员工对突然落在自己肩膀上的重任感到力不从心，而部长级别的干部则对自己从事现场工作的任务心存不满。

堤清二其实也考虑到了这种状况，所以他经常召集销售专员参加聚会等活动，在活动中与销售专员进行充分交流，及时对问题进行改善。

熟悉堤清二的人都知道，堤清二在经营上对"已经完成的东西就不再感兴趣"。但堤清二自从销售专员制度建立以来就一直对其保持着高度关注。前文提到的那位女性销售专员回忆说："堤清二细致入微的特点在这件事上表现得淋漓尽致。"

西武百货原本是一家非常守旧的企业。正如前文提到的那样，堤康次郎每次来视察的时候,大学毕业的员工都得躲在后面避免被他看到。

这种保守的企业文化并不是西武百货独有的,而是当时百货行业的普遍情况。堤清二在经营西武百货时,一直在尝试改变这种不符合时代要求的企业文化。销售专员制度就是他反抗旧秩序的抓手。

为了使西武百货的事业得到改善,首先要从扩大事业内容开始。堤清二对此深信不疑。因为如果继续采用谨慎的经营战略,西武百货就永远也无法超越三越、高岛屋以及伊势丹等老牌百货商店。

迅速扩张的战略在泡沫经济崩溃后使SAISON集团背负了巨额的债务。堤清二提出的文化路线也作为导致SAISON集团崩溃的"元凶"而成为被攻击的对象。1999年,西武百货池袋总店的美术馆关门,位于"银座西洋酒店"旁边的"银座SAISON剧场"也销声匿迹。

曾经用来传达堤清二提出的SAISON文化的设施,只剩下位于长野县轻井泽的SAISON现代美术馆(季节现代美术馆)等少数几个保留至今。

20世纪80年代风靡一时的西武百货有乐町店和西武百货冢新店虽然备受世人的关注,但由于为了实现堤清二的理想而投入了太多的成本,导致经营状况一直不理想。西武百货于2004年撤出冢新,家新的购物中心由郡是集团继续运营。西武百货有乐町店也在2010年被迫停业。虽然西武百货筑波店一直苦苦挣扎,但在开业超过30年后,还是于2017年停业了。

日本的百货商店行业仍然没有走出低谷。

2000年,日本百货商店行业的代表企业之一崇光百货申请依据《日本民事再生法》进行重整,在事实上宣告破产。同样处于经营困难的西武百货与崇光百货合并,意图共同实现重建。

在这个过程中,西武百货为了免除债务也进行了大规模产业重组。可以说,西武百货和崇光百货的合并过程伴随着相当多的痛苦。

2003年,两家公司共同成立了控股公司千禧零售(Millennium Retailing)。担任这家新公司负责人的是西武百货的原社长和田繁明。

和田繁明在20世纪90年代前半段泡沫经济崩溃之后,出任陷入经营危机的西武百货的社长,并进行了大刀阔斧的经营改革。他取代从台前退到幕后的堤清二,作为西武百货的领导者在那段艰难的时期展现出非常强大的领导能力。和田繁明构筑了一个让西武百货和崇光百货合并后能够一起生存下来的战略。

千禧零售的重建工作进展得十分顺利,甚至开始讨论股票上市的相关事宜。但财务上存在的问题一直没能彻底解决,于是在2005年,和田繁明做出了一个非常重大的决定:将千禧零售出售给

Seven&i控股。最终，Seven&i控股以超过2 000亿日元的价格收购了千禧零售。

从那以后，西武百货几乎每年都在关闭分布在日本各地的店铺。

堤清二在20世纪60年代前往美国时，意识到"继续这样的话，百货商店就无法生存下去"。从那以后的30年里，他一直在为了使百货商店不断进化而努力。虽然他在事业上的发展充满了挫折，但西武百货从店铺创建到人事制度，都深深地打上了他的理想和哲学的烙印。

堤清二当时面对的那些问题，直到现在仍然是百货商店行业未解的难题。

这究竟是因为堤清二拥有超越时代的先见性，还是因为百货商店行业多年来都没发生重大变化呢？

曾经在西武百货担任高层管理者、与堤清二长期共事过的LoFt第一任社长安森健在谈及堤清二的奋斗经历与遭遇的挫折时，这样评价："用文化、信息、形象等'糖衣'来包裹西武百货的战略是非常正确的。"因为与那些历史悠久的老牌百货商店相比，西武百货明显处于劣势，"如果西武百货只是一家缺乏特色的普通百货商店，对顾客来说就没有去光顾的意义"。

投入巨资将崇光百货与西武百货收归旗下的Seven&i控股的名誉顾问铃木敏文对堤清二的特殊才能这样评价道："能够像那样在文化

和商业的方方面面都无所不通的经营者，只有堤清二。"

但对堤清二给予极高评价的铃木敏文也在2016年退任。西武百货究竟何时才能走出低谷实现重生呢？

堤清二作为经营者的人生，始于池袋的"拉面百货"，这并不是一个很顺利的开局。但正因为处于这样不利的局面之下，堤清二才不得不持续自我否定，推动事业进化，并且通过西武百货为零售行业带来了许多全新的制度。

当然，在堤清二的尝试和挑战中，有成功也有失败。堤清二本人一定也从百货商店的经营工作中学到了很多宝贵的经验。

SAISON集团在鼎盛时期拥有超过200家开展各种各样事业的公司。这一切的源头，毫无疑问是让堤清二以经营者的身份大展拳脚的西武百货。

在接下来的第三章中，我将为大家介绍为推动"SAISON文化"普及发挥了巨大作用的"PARCO"。

第三章
PARCO

"PARCO"可以说是日本都市型购物中心的奠基者。这种被称为时装大楼的业态如今已经被许多开发商推广到日本各地。

但直到20世纪80年代,"时装大楼"都是专指PARCO的。当时的PARCO得到了年轻一代消费者的压倒性支持。

PARCO以位于东京涩谷的旗舰店为中心,作为传播流行信息的据点,拥有竞争对手完全无法相比的存在感。PARCO不仅销售服装,还设有剧场,在戏剧、电影、音乐等娱乐事业以及出版事业上也投入了很多精力。

传播最新潮的信息,引领年轻一代的文化,这就是PARCO鼎盛时期的模样。

在前一章中介绍过的"SAISON文化",虽然其传播的母体是西武百货,但对年轻一代影响最大的是PARCO。当时,有不少人一提起"SAISON文化",首先想到的就是PARCO。

与处于堤清二直接管辖之下的西武百货相比,PARCO与SAISON集团的核心稍微有些距离,因此PARCO能够发挥出自己独特的创造性。

PARCO最擅长的领域是深受年轻人喜爱的亚文化,这与堤清二个人的兴趣相去甚远。但堤清二认为这正是PARCO的特色,所以并没有阻拦。

堤清二这种宽容的态度使得"SAISON文化"的影响力得到了进一步扩大。

第三章 PARCO

第一节 "银座PARCO"的构想

"自从1973年涩谷店开业以来,这是时隔44年后我们再次在东京都23区内开设新店铺。"时任PARCO社长的牧山浩三在2017年9月的记者招待会上这样说。

2017年11月4日开业的PARCO新店位于东京上野,地点就在2012年成为PARCO母公司的J. FRONT RETAILING(J前端零售)运营的松坂屋上野店旁边。

新店起了一个和城市商业区十分相符的名字叫作"PARCO ya"(帕尔克啊),主要面向30岁到50岁的成年消费者群体。

PARCO的主力店铺涩谷PARCO在2016年曾经临时关停进行重建,计划在2019年秋季重新开业。这样一来,当时在东京都23区之内,PARCO就只剩下创始店池袋PARCO还在继续营业。

为了提高PARCO在城市中心地区的存在感,PARCO在上野的新店就成了非常重要的据点。

但通过调查,我意外发现PARCO曾经计划在日本首屈一指的商业区银座开设店铺。

"银座PARCO"的构想是距今约20年前,发生在21世纪第一个十年中期的事情。

将PRINTEMPS GINZA变为PARCO

"我想将PRINTEMPS GINZA(巴黎春天百货银座店)改成PARCO。您能帮忙联系一下读卖新闻集团那边的人吗?"在2000年到2008年之间担任PARCO社长的伊东勇找到堤清二,提出了这样的要求。伊东勇曾在西武百货工作,后来被调往PARCO任职,他的思想受堤清二的影响很大。

PRINTEMPS GINZA是在银座营业了30多年的知名百货商店,2017年更名为"MARRONNIER GATE GINZA 2&3"(七叶树门)。

这栋建筑的所有者是读卖新闻集团,负责运营的也是读卖新闻集团东京总部的子公司。三越之前对这家公司出资了30%。但伊东勇觉得三越对PRINTEMPS GINZA并不重视,可能会想要出售持有的股票。

当时,伊东勇能联系到担任三越社长的石冢邦雄,因此接下来的问题就是如何与读卖新闻集团的高层管理者取得联系。

伊东勇知道堤清二与读卖新闻集团的两位高层管理者关系密切。一位是读卖新闻集团总部的主笔渡边恒雄,另一位是日本电视放送网的会长氏家齐一郎,他们都是堤清二在东京大学的同学,也一同参加过学生运动。在堤清二的介绍下，伊东勇终于有机会和当时读卖新闻集团的高层管理者见面。

但对于伊东勇提出的将PRINTEMPS GINZA出售给PARCO的提案，三越和读卖新闻集团互相推托，迟迟没有给出答复。最终，伊东勇也只好对堤清二报告说"这件事的时机还不成熟，只好先放一放"。

在21世纪第一个十年中期，SAISON集团已经解体了，PARCO的控股股东变成了大型不动产企业森信托株式会社。堤清二当时已经不需要参与PARCO的经营工作了。即便如此，当伊东勇提出请求时，堤清二仍然不遗余力地为其提供帮助。

如今回过头来看，堤清二在其身为经营者的人生之中，一直对"银座"这个地方抱有非常执着的热情。

曾经在西武百货和PARCO都担任过高层管理者的森川茂治在谈及银座之于SAISON集团的意义时说："西武百货和PARCO都是旗舰店位于池袋和涩谷等终点站，以私营铁路沿线的顾客群体为目标，属于和居住在私营铁路沿线的'团块世代'建立起来的第二次世界大战后的新东京一同发展起来的新兴企业。正因为如此，我们才无论如何都希望能够在原来的东京——仍然残留着江户时期生活文化痕迹的银座——拥有自己的据点。"

堤清二对银座的执着

银座和日本桥是老牌百货商店三越与高岛屋的势力范围。

让已经在东京市中心西侧的池袋和涩谷取得成功的西武百货进军东侧竞争激烈的地区并取得胜利，是堤清二一直以来的心愿。1984年开业的西武百货有乐町店就是最直接的表现。

但SAISON集团要想真正在银座取得胜利，只有西武百货开设一家店铺恐怕是不够的。因为无论是在池袋还是在涩谷，SAISON集团都是通过西武百货与PARCO联手才征服当地的消费者的。

在池袋起家的新兴百货商店用普通的方法去挑战老牌百货商店根本毫无胜算。只有通过传统的百货商店不具备的崭新形象战略和信息传播方式，才能得到年轻消费者的青睐。这就是SAISON集团取得成功的秘诀。

因此，SAISON集团在银座不能只有西武百货，还需要集合具备当时最新时尚内容的都市型购物中心的开创者PARCO。因为PARCO才是与老牌百货商店截然不同的全新业态。

20世纪70年代到80年代，PARCO在西武线的终点站池袋街区的认知度得到了极大提升，还在一直以来被看作是东急集团据点的涩谷街区拥有了一席之地。PARCO的目标消费者群体是比"团块世代"更年轻的消费者。

第二次世界大战后，私营铁路沿线的住宅区范围越来越大，居住在这些地区的年轻消费者群体的消费能力也与日俱增。除此之外，大学生等原本生活在其他地区的年轻人也接连不断地涌入东京。

赢得这些新兴的都市生活者的青睐，并且极大地改变了池袋与涩谷街区面貌的购物中心正是PARCO。

堤清二年轻时的野心与恐惧

我们一起回顾一下1969年PARCO一号店在池袋诞生的过程，从中可以看出当时还只是一个初出茅庐的经营者的堤清二，内心之中混杂着野心与恐惧的复杂感情。

池袋PARCO原本是京都的百货商店丸物在20世纪50年代于东京开设的店铺，位于西武百货池袋总店的北侧，业绩一直不佳。

堤清二回忆说："有一天，小佐野贤治给我打来电话，让我把丸物买下来。"

小佐野贤治被称为"昭和时代的政商"，是曾经参与过洛克希德事件[①]的大人物。他在运输、观光等领域都有涉足，这次西武百货收购丸物的项目也是由他在中间协调的。

20世纪60年代，大荣等综合超市迅速成长。堤清二认为："如果

---

① 洛克希德事件发生于1976年，与昭和电工事件、造船丑闻事件、甲库路特事件并称日本第二次世界大战后四大丑闻事件。洛克希德公司为了让全日空公司进口其生产的三星式客机而向日本政界有关人物赠送了巨款，日本前首相田中角荣也极牵扯其中。——译者注

我不收购丸物，大荣和伊藤洋华堂就可能收购丸物从而进军池袋。这样的话，西武百货将面临非常不利的局面，因此我必须出手收购丸物。"

由此可见，堤清二收购丸物最主要的目的是保护西武百货池袋总店。

但在西武百货收购丸物之后，丸物的重建工作并不顺利，丸物一直处于亏损的状态。

于是，堤清二当机立断地做出了停业的决定，并且根据当时顾客调查的结果，计划将丸物重新改造成更受消费者欢迎的"名店街"。新的名字"PARCO"在意大利语中有"公园"的意思，目标顾客群体被定为年轻的女性。就这样，PARCO一号店在1969年于池袋开业。

在当时的日本，百货商店是公认的零售业之王。无论是服装还是生活用品，如果想买到优质的商品，消费者首先想到的就是去百货商店。PARCO则开创了被称为"时装大楼"的全新业态。虽然其外表上看来与百货商店十分相似，但商业模式截然不同。

PARCO自己并不销售商品，而通过出租商铺赚取利润。因此，其成败的关键并不是商品种类是否齐全，而是商户的组成结构和建筑的整体形象。也就是说，PARCO的商业模式类似不动产行业的空间运作模式。因为PARCO不同于日本百货商店传统的商业模式，所以得到了那些无法在传统的百货商店之中获得满足感的年轻消费群体的大力支持。

百货商店管理者出身的堤清二，竟然亲手创造出百货商店的强大竞争对手PARCO，这也可以说是一种自我否定的表现。堤清二之所以能够推动PARCO实现革新，正是因为丸物在重建过程中遭遇了非常多的困难。不屈服于逆境，用全新的创意来打开局面，这就是被深深地刻在SAISON集团DNA中的精神。

发现商户的价值就是PARCO存在的意义

2011年春，笔者作为日本经济新闻社的记者，得到了当面采访堤清二的机会。

当时，堤清二在提到PARCO的价值时这样说道："我在创建PARCO时，就认为其不只是单纯的零售业的集合，PARCO给零售业带来了全新的风潮。商户聚集在一起相互助力，有些店铺不适合单独开店，但这样的店铺集合在一起形成商圈之后，有相应需求的顾客自然就会前来。

"比如专门销售海外时尚相关书籍的个性化书店，在PARCO之中就能经营下去。现在，各地的商店街都失去了往日的热闹和繁华，像这样个性十足的店铺也不得不关门，但PARCO就能够发挥出以前商店街的作用。其中的关键在于发现商户所具有的价值。PARCO只要提高自己对消费者的信息传播能力，自然就能得到更多商户支持。这也正是普通的大型百货商店欠缺的能力。"

PARCO不是单纯出租物业的不动产业态，而是能够发现商户的价值潜力，并将其充分激发出来的全新的零售业态。

孕育出PARCO个性的增田通二

说起PARCO的诞生与发展，就不得不提增田通二。增田通二是堤清二在中学时的同桌，也是堤清二东京大学的同学，与堤清二一样喜欢戏剧和美术。

在PARCO内部，增田通二被称为"创始人"，拥有极强的存在感。增田通二在1984年担任PARCO的社长，1988年担任会长，1989年卸任。

根据增田通二的自传《开幕的铃声响起 欢迎来到增田剧场》（东京新闻出版局出版）的记载，增田通二的父亲是一名画家，而堤康次郎似乎也很擅长绘画。

增田通二在东京大学就读时就经常出入堤清二家，并在大三的时候以学生的身份入职西武集团的国土计划公司。大学毕业后，增田通二担任了八年夜校的教师，之后又回到西武集团任职，属于非常特殊的二次入职员工。

第二次入职后，增田通二先在西武百货工作了一段时间，然后被堤清二委以重建池袋丸物的重任。在将丸物转变为PARCO的过程中，增田通二非常出色的领导能力发挥了巨大的作用。

"PARCO"这个名字在意大利语中是"公园"的意思。虽然有人提出应该在店名中加入"西武"，但增田通二认为PARCO应该是从百货商店之中独立出来的存在，所以拒绝了这个提案。

增田通二凭借其独特的直觉与才华成功地建立起了PARCO。一位曾经在西武百货工作过的管理者说："堤清二把增田通二当作竞争对手，甚至有点儿嫉妒他的才能。"

让涩谷焕然一新的PARCO

PARCO在1973年于涩谷开店之后一下子名声大振。正如"擦肩而过的人都很美 涩谷公园大道"这句广告词所表现的那样，原本平平无奇的区役所大道被"公园大道"的新名字所取代，涩谷也一下子成为年轻人聚集的时尚街区。

堤清二与涩谷之间的关系非常耐人寻味。在涩谷PARCO开业五年前的1968年，西武百货涩谷店开业。因为在那之前，除了西武百货池袋总店之外，西武百货没有像样的店铺，所以对堤清二来说，在涩谷开店是他一直以来的愿望。

虽然池袋和涩谷都是私营铁路的终点站，但涩谷的后方有许多高级住宅区，和池袋存在很大的区别。要想摆脱"西武百货就是池袋的百货商店"的形象，西武百货就必须抓住在涩谷开店的机会。

但涩谷是东急集团的根据地。西武集团的堤康次郎和东急集团的五岛庆太在日本各地围绕着观光开发等领域展开了非常激烈的竞争，这也使得西武百货进军涩谷的难度变得非常大。

在堤清二打算进军涩谷的时候，东急集团的经营者已经从五岛庆太变成了他的儿子五岛升，据说堤清二和五岛升之间达成了某种协议。东急集团允许西武百货在涩谷开店，但两家要以共同发展、取得双赢为前提。这可以看作是两位继承人为了解决上一代对立的问题，避免出现全面对抗而采取的措施。

即便如此，西武百货在涩谷的经营也仍然非常困难。虽然西武百货为了对抗东急百货，在开店时进行了大规模广告宣传，并下大力气建设服装卖场，但对东急沿线的居民来说，西武百货的知名度非常低，涩谷仍然是"东急的街区"。在PARCO这个"援军"出现之后，情况就发生了巨大变化。在SAISON集团的影响下，涩谷变成了年轻人的街区。

将保龄球馆变为剧场

涩谷PARCO的位置绝对称不上是黄金地段，距离涩谷站大约500米。对于商业设施来说，这样的位置甚至可以用"非常差"来形容。当时，涩谷PARCO所在的街道的名称还是区役所大道。区役所大道的周边区域是一个只有停车场和杂居大楼的十分普通的街区。西武百货最初在这里购买土地的目的好像是给西武百货涩谷店做停车场。

当PARCO在池袋取得成功之后，为了更进一步提高PARCO的形象，堤清二决定将这片土地利用起来，开设PARCO的第二家店铺。与西武百货进军涩谷时一样，堤清二或许也想改变"PARCO是在池袋营业的商店"的形象。

当时，保龄球在日本十分流行。在制定涩谷PARCO的店铺规划时，SAISON集团曾打算在其上层开设保龄球馆，将其下层作为商业设施。但保龄球的热潮没过多久便结束了，于是原本给保龄球馆准备的场地就被改成了剧场。

在距离车站这么远的地方开店，怎么做才能吸引消费者前来呢？增田通二等人认为，能够让人带着目的主动前来的剧场是最合适的选择。于是，在1973年5月，西武剧场开业，甚至比涩谷PARCO开业还早了一个月。

增田通二之所以这样做，是为了强调这样一个信息：剧场不是商业设施的附属品，而是真正的文化场所。

涩谷的西武剧场演出了安部公房的先锋派戏剧以及木之实奈奈和细川俊之的音乐剧SHOW GIRL（《歌女》）等，丰富多彩的艺术节目引发了社会各界的广泛关注。

帮助PARCO取得成功的广告宣传

增田通二在自传中提到，他的经营理念是"让自己和周围的人都觉得有趣"，针对年轻女性采取广告宣传策略更是走在了时代的最前面。

比如"别光欣赏别人，要展示自己""模特不能只靠脸"等广告语搭配充满诱惑力的海报图片，就连当时的负责人都表示，"也不知道这样做究竟能不能行，总之就是一直在危险的边缘试探"。

在广告宣传上，增田通二起用了当时名气越来越大的设计师石冈瑛子以及插画师山口晴美等新锐艺术家。这使得PARCO在广告行业以及艺术领域都得到了广泛关注。前面提到的那位负责人回忆道："当时有很多艺术家都表示'为PARCO工作很有趣'。"

有些艺术家因为给PARCO制作了广告之后名声大振，被更有实力的大企业请去制作广告，结果身价大涨，导致企业规模不大、广告预算也不多的PARCO反而请不起他们了。

在涩谷PARCO开业的20世纪70年代，日本的经济和社会都在第二次世界大战后第一次迎来"成熟期"。一味追求物质富足的经济高速发展时期告一段落，人们开始探索全新的生活方式。PARCO则成为年轻一代文化的引领者，发挥着发掘和传播全新文化的作用。

与传统百货商店的文化活动和美术展相比，PARCO传播了完全不同的全新文化。

"PARCO销售的就是全新的形象感。"堤清二这样评价PARCO的成功，并且让西武百货效仿PARCO，加快形象战略的脚步。位于涩谷PARCO顶层的西武剧场开业两年后的1975年，位于西武百货池袋总店顶层的西武美术馆开业。继20世纪70年代PARCO的广告吸引了全社会的目光之后，西武百货也在80年代凭借"美味生活"等具有代表性的广告引发了世人的关注。从历史的角度来看，或许PARCO才是SAISON文化的源头。

周围都是高级住宅区却平平无奇的涩谷，随着PARCO的出现而焕然一新。如今，涩谷已经成为"充满时尚文化的年轻人的街区"，到访的消费者群体也发生了巨大改变。

利用"创建街区"的构想吸引年轻人

涩谷作为年轻人的街区，总是能让年轻人在那里找到自己感兴趣的内容。

可以说，在涩谷重新崛起的过程中，PARCO发挥了至关重要的作用。但只有PARCO一家商店是不够的，为了进一步放大街区的特色，SAISON集团以PARCO为中心推进了"创建街区"的战略。

在公园大道的两端，分别是西武百货涩谷店和涩谷PARCO。不过仅凭这两家商店很难改变人们对区役所大道的印象。

涩谷PARCO自1973年开业以来就一直通过各种办法来创建街区，以"展示场"为主题对周边的环境进行提升。

比如涩谷PARCO开业时，在原宿周边到涩谷PARCO举办了非常盛大的马车巡游活动，在公园大道两侧设置了西方风格的红色电话亭以及铃兰造型的街灯。与此同时，涩谷PARCO还在周边相继开设了多种类型的商业和娱乐设施。其中最有代表性的当数LiveHouse（音乐展演空间[①]），一经推出就成为当时年轻人的文化据点之一。

---

① 音乐展演空间是拥有专业演出场地和高质量音响效果的室内场馆。由于观众和艺人的距离非常近，因此艺人在音乐展演空间中演出的气氛往往远胜于在大型体育馆中演出的气氛。——译者注

当时，PARCO参与了众多商业设施的建设工作。PARCO PART2（帕尔克 第二部分）和PARCO PART3（帕尔克 第三部分）分别于1975年和1981年开业。在音乐和电影方面，音乐展演空间CLUB QUATTRO（四重奏俱乐部）于1988年开业，小剧场CINE QUINTO（昆托电影）于1999年开业。2002年，PARCO的全新时装大楼"涩谷ZERO GATE"（涩谷零门）开业。

涩谷的形象发生了巨大转变，因此自然而然地吸引了其他企业前来建造商业设施。于是，一个全新的街区就这样形成了。

20世纪80年代，分别创建服装品牌ISSEY MIYAKE（三宅一生）、Comme des Garcons（像个男孩）和Yohji Yamamoto（山本耀司）的设计师三宅一生、川久保玲和山本耀司备受世人关注，引发了设计师品牌的热潮。率先将这些著名设计师品牌的店铺导入商场并将这股热潮推向日本全国的正是PARCO。

涩谷PARCO与公园大道当时成了设计师品牌的"圣地"，不仅女性，就连年轻的男性都排着长长的队伍等待购买商品。

自然而然取得成功

在《我的记忆、我的记录》中，堤清二写道："老实说，直到（西武百货）涩谷店开业的时候，我都没有一个明确的创建街区的想法。但当PARCO也计划在涩谷开店时，这个想法就变得非常明确了。因此，这一切都是自然而然出现的……这并不是我个人的功劳，PARCO的管理者增田通二等人也做出了非常大的贡献。"

正如堤清二本人所说，涩谷的街区创建工作并不完全是堤清二一个人的功劳。增田通二和PARCO偶然带来的乘数效果在某种程度上使这件事自然而然地取得成功。

涩谷PARCO的西武剧场传达的文化也是一样。为了开设剧场，堤清二甚至特意前往纽约的剧场进行考察。虽然堤清二对开设剧场有非常强的执念，但在运营过程中，他也必须面对理想与现实之间的偏差。

堤清二个人长期资助剧作家安部公房和现代音乐家武满彻，他们的作品都长期在西武剧场演出。但对于涩谷PARCO中的剧场来说，与先锋派和充满实验性质的节目相比，大众化的内容更受欢迎。

堤清二在《我的记忆、我的记录》中写道："PARCO剧场的位置很好，建筑物也很有特点，但在上演我喜欢的节目时，几乎没什么观众。"

1987年，银座SAISON剧场开业，西武剧场更名为PARCO剧场（帕尔克剧场），演出的节目也更倾向于大众化的内容。

在《我的记忆、我的记录》中，堤清二写道："PARCO文化（帕尔克文化）是SAISON文化中的高光部分。SAISON文化的主干还是现代美术馆……以及'Music Today'（今日音乐），而PARCO则属于亚文化的部分。"

现代美术馆指的是位于轻井泽的SAISON现代美术馆，那里收藏了众多现代绘画大师的作品。

堤清二在美术、文学、戏剧和音乐方面都喜欢新潮的、真正的艺术，而且希望能够通过自己的事业，让更多的人接触到这些艺术。

堤清二所说的PARCO的"亚文化"究竟是什么呢？

堤清二对亚文化的认可

PARCO在广告宣传上的大胆程度远超西武百货，这或许也是一种亚文化的表现。但最具代表性的还是面向年轻人的杂志《奇妙屋》（PARCO出版），这是一本在20世纪70年代到80年代出版的杂志，夸张和充满趣味性的读者参与型内容是其最大的特点。糸井重里参与制作的读者投稿企划"变态绅士新闻"等在当时都备受瞩目。

PARCO的主要顾客群体是年轻人，而PARCO在这些年轻人喜爱的亚文化领域拥有极强的信息传播能力。PARCO不仅出售商品，还向年轻人提供他们最为关注的电影、音乐等最新的文化内容。虽然商业设施到处都是，但能够像这样与年轻人保持如此近距离接触的只有PARCO。

这就是PARCO最大的优势。虽然这并非堤清二的本意，但他也没有对PARCO的做法说不，他接受了这种诞生于年轻人群体的全新文化，并给予了长期支持。

虽然SAISON文化因此变成了涵盖从真正的艺术到漫画等亚文化在内的大杂烩，但SAISON文化更受大众喜爱了。

被迫扩张到东京以外的地方

20世纪70年代到80年代，PARCO在涩谷征服了年轻人群体，成为全新消费文化的象征。

与此同时，PARCO在1975年于札幌开设分店，此后接连在岐阜、千叶、大分等地开设分店。在东京以外的地方进行扩张是为了将在东京取得成功的PARCO文化传播给日本各地的消费者。但这并不是PARCO做出的经营决定，而是SAISON集团的主意。

因为SAISON集团打算通过PARCO的业态使西武百货和西友的亏损店铺扭亏为盈。比如岐阜和千叶的PARCO就是西武百货与当地的百货商店合作后业绩不佳，最后将当地的百货商店转变为PARCO的；大分的PARCO则是西友开设的店铺一直亏损，然后转手给PARCO的。

也就是说，PARCO承接了SAISON集团亏损的项目。或许堤清二认为，既然池袋的丸物在转变为PARCO之后能够取得成功，那么在其他的地方也一样能够取得成功。

增田通二其实希望PARCO能够在大城市进行扩张。因为PARCO推出的并不是大众商品，而是最新潮的商品，所以需要吸引大量对新潮商品有需求的消费者。这种经营方式比较适合有一定人口基础的大城市。

因此，除了札幌等大城市外，其他很多小城市并不是增田通二计划开店的地方。但即便是带领PARCO取得成功的功臣增田通二也无法违背堤清二的意愿。

伊东勇在PARCO担任企划负责人的时候，堤清二要求PARCO接手当时在西武百货运营下的川崎店、冢新店（兵库县尼崎市）、达磨屋西武（福井市）以及心斋桥店（大阪市）。其中心斋桥虽然挂着"PARCO"的店名，但实际上一直由西武百货运营。1990年前后，这四家店的经营情况都陷入了困境。

伊东勇反对这一决定，认为一家店也不能接手，结果被当时的社长训斥："难道经营者的命令能全部拒绝吗？"于是，伊东勇回答："那我们就只接手心斋桥店吧，另外三家店我们真的无能为力。我会亲自向堤清二说明清楚。"

"其实，我非常紧张，因为我不知道要如何说服他。但当我坦白地将原因说明清楚之后，堤清二居然同意了。当时，我还是个初出茅庐的'愣头青'，或许堤清二更相信年轻人的判断吧。"伊东勇回忆道。

最终，PARCO只接手了西武百货心斋桥店。当时，西武百货是PARCO的控股股东。从那个时候开始，PARCO就受股东的影响，难以自主经营。在那之后，PARCO的控制权又几易其手，与控股股东之间的摩擦似乎成了PARCO的宿命。

第二节 PARCO易手与堤清二奋战

伊东勇就任PARCO社长的2000年，SAISON集团因为旗下不动产公司西洋环境开发被清算产生的巨额债务分担问题而与金融机构之间的纠纷终于宣告结束。

SAISON集团旗下各企业的信用一落千丈，只能各自想办法寻求资助。由于堤清二已经完全退出经营一线，因此SAISON集团在事实上处于解体状态。伊东勇回忆说："在SAISON集团陷入混乱的时候，我心里只有一个念头，那就是如何让PARCO存活下来，但我们一直都没有找到合适的合作对象。直到最后，我们才决定选择森信托。"

2001年，森信托出资，拥有了PARCO 20%的股票，成为PARCO的控股股东。没过多久，森信托就向PARCO提出重组的提案。但对于这个提案，伊东勇的回答是"PARCO能够凭借自己的力量生存下去,没必要重组"。

"赶紧辞职"

2010年,PARCO与控股股东森信托之间的关系急速恶化。森信托提出要加大投资,试图拥有PARCO超过50%的股票。这对力求坚持独立经营的PARCO来说是一个非常大的危机。为了与森信托进行对抗,PARCO与日本政策投资银行展开资本业务合作。这使得时任森信托社长森章大为恼火,森信托甚至开始讨论是否解雇PARCO的高层管理者。

当时已经不参与PARCO经营的堤清二斥责伊东勇说:"如果你不想承担责任,就赶紧辞职。"

其实伊东勇在2008年的时候就已经卸任会长了,自2010年起担任PARCO的经营顾问。但在堤清二看来,伊东勇将PARCO与森信托之间的烂摊子留给了继任的社长,是因为他不负责任才导致PARCO陷入危机。

2011年,永旺趁乱取得了PARCO12%的股份,一跃成为第二大股东。永旺和森信托的步调一致,要求PARCO与自己开展事业合作并且对管理层进行大换血。

当时,堤清二说:"两家堪称'名门'的大企业,竟然联起手来对付一个后起之辈。我作为零售行业的相关人员对此感到非常愤慨。"

据说，反对与永旺合作的堤清二在当时特意召集管理者，强调了坚守PARCO文化传播力的重要性。

20世纪90年代以后，SAISON集团因为泡沫经济崩溃而逐渐解体。被视作"战犯"的堤清二从经营前台退到幕后，在很长一段时间里都保持沉默。但永旺对PARCO出资这件事，似乎碰触了他的底线。

2011年，笔者对堤清二进行采访时，谈起这件事，他说："我自己也很矛盾，一边觉得'祇园精舍钟声响，诉说世事本无常'，但另一边又觉得应该在有生之年要把想做的事情都做完。PARCO出现问题给我造成了很大刺激。"

永旺对PARCO的投资让堤清二大吃一惊。宣布退出商界已经20年的堤清二非常纠结，不知道应该静观其变，还是应该做些什么。他甚至再三考虑"出席股东大会提出反对意见"。

后来登场的是J. FRONT RETAILING。这家旗下拥有大丸和松坂屋的零售业巨头早就对PARCO垂涎三尺了。

2012年春，J. FRONT RETAILING从森信托手中收购了其持有的全部PARCO股票，约占PARCO全部股票数量的30%。同年年中，J. FRONT RETAILING又通过TOB（要约收购）继续收购PARCO的股票，将PARCO变成了自己的子公司。

自从成为J. FRONT RETAILING的子公司之后，PARCO的收益逐年增加，为J. FRONT RETAILING的业绩提升做出了巨大的贡献。

在几经转手之后，PARCO最终成为其他零售集团的子公司。这对堤清二来说或许是非常遗憾的结果。但归根结底，PARCO颠沛流离的经历完全是SAISON集团崩溃导致的。也就是说，堤清二应该为PARCO的遭遇承担最主要的责任。

"催眠术"无效的时代

PARCO的资本问题随着J. FRONT RETAILING的出现迎刃而解。但PARCO还面临着另一个巨大的问题，那就是其"独特性"正在逐渐消失。

堤清二在2011年着重强调PARCO回归本源的重要性。他说："现在的PARCO已经平平无奇了……关键在于找出自身的价值所在，进一步提高PARCO向消费者传播信息的能力。"

PARCO的鼎盛时期为20世纪70年代到80年代，当时的经营环境与现在的经营环境完全不同。

PARCO诞生于日本经济飞速发展的时期，当时年轻女性群体的收入在逐渐提高。

伊东勇说："增田通二给PARCO的顾客、商户以及员工都施加了'催眠术'，让他们认为只要来到PARCO就能变得更时尚、更漂亮。

PARCO就是这样与众不同的神奇的购物中心。"

但20世纪90年代以后,时装大楼遍地开花。

东日本旅客铁道的LUMINE(光)以及三井不动产的LaLaport(啦啦宝都)等迅速发展壮大。"顾客们从'催眠术'中清醒了过来,发现即便不去PARCO也可以(变得更时尚、更漂亮)。"伊东勇说。

PARCO引领年轻人文化的时代结束了,PARCO不再是时装大楼中与众不同的存在了。

在"催眠术"无效的时代,PARCO又将何去何从呢?

第三节 与动漫文化相通的DNA

因为需要重建,涩谷PARCO于2016年8月7日暂时停业,当时计划在2019年秋季作为全新的旗舰店重新开业。

在其即将结束43年营业历史的那一天,经历过涩谷PARCO鼎盛时期的四五十岁的人们纷纷来到现场怀念过去的美好时光。他们在夕阳中高举着手机拍摄涩谷PARCO店铺外观,十分引人注目。这些对PARCO有着深厚感情的当年的年轻人究竟以什么心态面对涩谷PARCO暂时停业的局面呢?他们的脑海中回想起的是PARCO剧场的音乐,还是排着长长的队列等待购买设计师品牌商品的光景呢?

"只要来到这里,就能感受到最流行的趋势",即便"催眠术"已经失效,但PARCO仍然拥有非常强大的信息传播能力和文化创造能力。但是,向年轻人传播的文化需要随着时代变化而改变。

除了现有的顾客之外,PARCO还要通过传播全新的文化内容获得新一代顾客的认可。如果没有这种持续不断的循环,PARCO就会失去存在的意义。

事实上,PARCO确实在信息传播上迈出了新的脚步,那就是动漫文化。现在,PARCO引入了许多与动漫相关的商户,将现代年轻人喜爱的文化关键要素融入自己的事业之中。

堤清二对亚文化持包容的态度。正因为如此,PARCO文化才能在年轻人中迅速传播开来。不过,动漫文化一定不符合堤清二的兴趣。毕竟在鼎盛时期,SAISON集团是用欧洲的高端品牌和高雅的现代艺术来对大众进行启蒙的。

但这种"高大上"的手法对现代的年轻人已经不起作用了。现代的年轻人喜欢的是普通人能够通过网络发送的内容。虽然这样的内容不会引发大范围的热潮,但能吸引众多支持者。

现在已经不再是需要企业对消费者进行启蒙的时代,但PARCO仍然能够发挥出自身的价值。从PARCO开始传播动漫文化来看,其对年轻人文化的感知能力丝毫没有减弱。

革新性是PARCO的生命线

将动漫文化引入PARCO的，是曾经担任PARCO常务董事的泉水隆。

泉水隆于1983年入职PARCO，当时是涩谷PARCO的设计师品牌风头正盛的时期。后来，他担任销售负责人，接连将风格独特的商户引进PARCO。

2012年，涩谷PARCO对六层进行了全面改造。泉水隆以此为契机将六层改造成了动漫专区，其中最引人注目的当数销售热门动漫作品《海贼王》周边商品的专卖店"草帽商店"。

原本位于六层的销售男装的商户随着时代变迁而陆续退租。泉水隆说："当时，六层的商户几乎全部撤出了，因此我们接下来必须先搞清楚消费的发展趋势，再选择商户，否则PARCO就无法生存下去了。"

旗下拥有LaLaport的三井不动产和零售行业的龙头老大永旺可以利用手中的巨额资本开发大型项目。但PARCO并没有那么多资本，PARCO的生存之道在于自诞生以来不断发扬光大的革新性。率先拥抱新兴事物，凭借先发优势激发自身的活力，这就是PARCO唯一的生存法则。

泉水隆对涩谷PARCO举办的各种促销和宣传活动进行分析之后注意到，"高达展"等动漫相关的活动具有极强的吸引顾客的能力。现在的年轻人对服装已经不太感兴趣了。通过调查发现，现代日本年轻人在动漫和游戏上的支出非常多。因此，泉水隆决定用动漫元素吸引年轻的消费者。

《凯蒂猫》《宝可梦》《飙速宅男》

利用动漫元素吸引年轻人的效果非常明显。在涩谷PARCO中，除了销售《海贼王》等动漫作品周边商品的卖场外，不定期与动漫作品进行联动的咖啡厅也大受欢迎。《凯蒂猫》《宝可梦》《飙速宅男》等热门动漫作品的角色都与PARCO进行过合作。

对曾经引领流行趋势的PARCO如今积极引入动漫元素的变化，泉水隆解释说："对于PARCO来说，通过将不同的价值观融合在一起使其产生化学反应，可以使商业活动的规模得到扩大。涩谷PARCO的一层有Comme des Garcons这样的设计师品牌专卖店，而六层是动漫专区。这种差距非常大的多样性正是PARCO与竞争对手之间的差异之处，也是保证PARCO能够持续生存下去的源泉。"

池袋PARCO的分馆在2014年改建后，也吸引到了Niconico（笑嘻嘻）动画总部等动漫相关商户入驻。在2019年秋季重新开业的涩谷PARCO也引入了动漫元素。

说起动漫文化，可能很多人都认为这是只在特定群体之内局部传播的内容。但PARCO预判时代的发展趋势、拥抱变化的特征与堤清二和SAISON的DNA是极为相似的。

在心斋桥测试娱乐的力量

"市中心的乐趣还是在于文化和艺术。我们想突出这两点。"2017年秋,在东京上野的PARCO ya即将开业之前,PARCO的社长牧山浩三在记者招待会上这样说道。他坚信即便地点和时代发生了改变,但曾经在涩谷引领消费文化的PARCO的优势没有改变。

在PARCO ya开业的同一时期,电影《至爱梵高·星空之谜》也在日本上映。这部讲述画家梵高死亡之谜的动画电影是由PARCO引进的。在位于PARCO ya顶层的TOHO(东宝)电影院上映《至爱梵高·星空之谜》的同时,位于上野的东京都美术馆也举办了"梵高展"。这仿佛让人重新看到了曾经引领文化传播和街区创建的PARCO鼎盛时期的景象。

PARCO在母公司J. FRONT RETAILING的大力支持下,继续进行扩张。J. FRONT RETAILING将大丸百货心斋桥店北馆的地下二层到地上七层都变为PARCO。心斋桥PARCO于2020年11月开业。

心斋桥是大阪最大的商业区。PARCO在这里也将以文化传播活动为主,与相邻的大丸百货形成鲜明的对比。

PARCO的优势在于拥有常年运营戏剧和电影事业的娱乐事业部。该事业部不仅运营剧场和电影院,还自己制作相关的娱乐内容,引进优秀的作品,具有竞争对手无法模仿的特点。

包括J. FRONT RETAILING在内的各大零售企业,都面临"从商品消费到内容消费"的消费趋势变化,以销售商品为中心的业务发展已经很难继续增长了。在零售业中率先导入"内容消费"的PARCO，在这个时候就拥有巨大的优势。

"深耕娱乐事业40余年，我们终于到了发挥实力的时候。"PARCO的社长牧山浩三在提到心斋桥店的时候这样说。

几经易手仍然保留下来的DNA

PARCO享受过身为年轻人文化带头人的光辉岁月，也品尝过颠沛流离的艰难困苦，走过了精彩曲折的半个世纪。

如今，难以从低迷的业绩中挣脱出来的大型百货商店全都渴望通过转型为都市型购物中心找到出路。这样看来，50多年前将丸物转变为PARCO的堤清二和增田通二，就仿佛是从未来穿越回过去的人。但堤清二和增田通二最大的贡献并不是开创了购物中心这个商业模式，而是使商业设施具有了传播独特价值观的能力。

PARCO一直保持着对年轻人文化的敏锐嗅觉以及竞争对手所没有的独特个性。这种DNA直到现在仍然没有消失。

堤清二非常理解PARCO的本质。即便这并不是自己喜欢的文化，堤清二仍然以包容的态度，使SAISON文化的范围得到了扩大。如果堤清二坚持以自己的兴趣来限制PARCO的话，那么无论是PARCO还是SAISON集团，或许都无法对消费者产生那么大的影响，因为文化本身就具有包容性和多样性。堤清二一定深知这一点。

第四章
专卖店

与其他零售集团相比，SAISON集团最成功的地方就是打造出了许多优秀的专卖店。

比如前文介绍过的无印良品就是作为西友的自有品牌而创立的，而身为SAISON集团主体的西武百货也打造了许多优秀的专卖店。比如20世纪80年代后半段诞生的LoFt就是以销售杂货为主的专卖店，提出"让消费者享受生活乐趣"的理念。连锁书店LIBRO则为塑造SAISON集团的整体形象做出了巨大的贡献。LIBRO通过革新性的卖场管理和独特的宣传活动，成为传播文化信息的节点，为书店的经营活动创造了全新的可能性。TICKET SAISON也是诞生于西武百货的全新业务部门，如今以"e+"的全新形态在互联网上继续发挥着强大的影响力。

尽管这些专卖店和业务部门都因为SAISON集团解体而一度陷入困境，但继承了堤清二理念的优秀人才大都凭借不屈的意志渡过了难关。

堤清二的精神仍然存在于这些事业之中。

第一节 因为堤清二的一句话而诞生的LoFt

牧山圭男曾经在西武百货担任兴趣杂货的负责人，于20世纪80年代后半段升任董事。有一次，他在位于东京池袋的SAISON集团总部偶然遇到了堤清二。

牧山圭男以为堤清二会像往常一样东拉西扯，结果堤清二却开门见山地只说了一句话："牧山君，咱们要不要搞一个比东急HANDS（东急手创馆）更'高大上'的店铺？"

这句话就成了LoFt诞生的契机。

20世纪80年代，东急HANDS凭借其独特的风格赢得了消费者的喜爱。种类齐全的DIY用品以及工具是其最大的特点。这种崭新的业态得到了堤清二的关注。

东急集团是以东急百货和东急商店等零售业为主的企业。但创立东急HANDS事业的是东急不动产。也就是说，这是其他行业企业进军零售业并取得成功的典型案例。

这个成功案例从另一个侧面印证了堤清二的想法：百货商店行业受到经销商管理体制的限制，很难创造出全新的业态。

身为百货商店经营者的堤清二早已意识到零售行业的局限性，为了打破这个局面，他对西武百货的管理者做出创建属于自己的杂货专卖店的指示：要比东急HANDS更"高大上"。

将堤清二的想法变为现实的人，是曾经担任西武百货涩谷店店长的水野诚一。他因为是LoFt的创始人而被世人所熟知。

水野诚一曾经负责宣传工作，在1984年被堤清二任命为西武百货涩谷店的店长。"堤清二觉得涩谷店不够有趣，让我去想想办法。"水野诚一回忆道。

当时西武百货涩谷店计划新增两个卖场，水野诚一提议将这两个卖场变成大型专卖店。专卖时装精品的SEED馆（种子馆）在1986年开业，LoFt馆则在1987年开业。

顺带一提，创立LoFt的牧山圭男和水野诚一，与堤清二都有着比较特殊的关系。牧山圭男是著名实业家白洲次郎的女婿。白洲次郎对比自己小20岁的堤清二十分欣赏，于是介绍牧山圭男进入西武百货就职。水野诚一是堤清二的妻弟。水野诚一的父亲是曾经被称为"日本财经新闻四天王"之一的产经新闻社原社长水野成夫。1990年，43岁的水野诚一被任命为西武百货的社长。

SAISON集团内部有人将LoFt称为"堤清二的私家店铺"，正是出于上述的原因。SAISON集团内部的人员很难不对这种任人唯亲的人事制度感到不满。

但LoFt的成功与牧山圭男、水野诚一优秀的工作能力和敏锐的直觉是分不开的。

与东急HANDS完全不同的路线

1987年，LoFt一号店开业。当时，泡沫经济的时代氛围成了推动LoFt这种业态向前发展的动力。

据牧山圭男所说，为LoFt一号店开业做准备的项目团队在LoFt一号店开业之前，对位于涩谷的东急HANDS进行了非常详细的调查。

牧山圭男说："全面调查的结果显示，我们完全无法与东急HANDS进行正面竞争。"于是，LoFt决定避开东急HANDS擅长的DIY领域，将重心放在娱乐性和趣味性上。

水野诚一认为"凭借（西武百货）现有的商品部门，无法创造出全新的卖场"，于是在西武百货内外公开招募人才，从零开始打造专卖店。

20世纪80年代中期，开拓涩谷市场先锋的西武百货涩谷店逐渐失去了趣味性，堤清二感受到了危机。西武百货在20世纪60年代后半段开设了涩谷店，PARCO紧接着在20世纪70年代前半段进军涩谷。

20世纪80年代，日本出现了设计师品牌热潮，西武百货的竞争对手丸井百货扩大了涩谷店的规模，商业设施间的竞争越发激烈。

为了与拥有和涩谷站直通的百货商店的东急集团进行对抗，SAISON集团只能不间断地创造话题。

西武百货涩谷店于1970年开设了一个西洋古董卖场，据说就是LoFt"趣味杂货"的起源之一。西武百货涩谷店自从开业之后就一直陷入苦战，这个充满个性的卖场是为了扭转局势而做出的大胆尝试。西武百货涩谷店自开业之初就具有的这种冒险家精神，被堤清二在20世纪80年代又一次发挥出来，并促成了LoFt的诞生。

在根据堤清二与SAISON集团的高层管理者在神户大学的讲义整理而成的《生活综合产业论：对消费社会的近距离观察》中，堤清二讲道："大众市场成熟的标志包括三个：'模拟化''根茎化''精巧化'。"

"模拟化"指的是模拟体验；"根茎化"是与系统树的垂直思维模式相对立的概念；而与LoFt关系比较深的是"精巧化"，"精巧"指的是精美巧妙但没有太大实际用处的杂货。

"现在有许多消费者愿意购买那些虽然没什么使用价值，但做工精巧的小物件。确切地说，这些小物件正是因为非实用性和趣味性才能够吸引消费者，这正体现了'精巧化'的特点。"

于是，LoFt就成了"精巧化"商品的集散地。

虽然LoFt和东急HANDS销售同类型的商品，但LoFt与东急HANDS强调"实用性"的特点背道而驰。

堤清二要求牧山圭男创造的"比东急HANDS更'高大上'的店铺",就这样在"物质极其富裕"和"大众市场成熟"的20世纪80年代的背景下成为现实。

没有好地点也没关系

1987年11月,位于西武百货涩谷店扩建区域的LoFt一号店开业,不过其正门并没有正对着大道,位置也比较靠里。

虽然地点不算很好,但据牧山圭男说,开业时"来了很多人,堤清二非常兴奋"。正如西友创建了无印良品这个全新的业态一样,西武百货也创建了杂货专卖店LoFt。

开业后,LoFt引发了日本各界关注。1990年,LoFt二号店在大阪梅田开业。梅田LoFt的位置比涩谷LoFt更差,不但远离车站,还独立于传统的商圈之外。在开店之前的讨论阶段,有人对此提出过疑问,但堤清二说:"在当今时代,店铺的地理位置已经没那么重要了。经营成败的关键在于如何提高店铺的魅力。"

堤清二之所以这么自信,是因为他在涩谷有20余年的经营经验。PARCO在涩谷开店之后,吸引了诸多企业在其周围开店,PARCO周边地区也因此名声大振。因此当LoFt开业之后,其周边地区自然也会跟着逐渐繁荣起来。

在逆境中开始改革的SAISON集团的精神,在涩谷LoFt的开发工作中取得了成果。堤清二相信在LoFt今后的发展之中,这一精神还将继续发挥作用。

"要以去西武、去百货商店、去堤为目标"

回顾第二次世界大战后日本零售业的历史,我们可以发现,无论是曾经取得辉煌的老牌百货商店,还是现在零售行业的巨头(如Seven&i控股和永旺等综合零售集团),都没有诞生著名的连锁专卖店。只有SAISON集团创造出了包括无印良品在内的诸多著名专卖店,无论是优衣库还是NITORI,许多知名的专卖店都是独立发展起来的。SAISON集团与其他综合零售集团之间有什么区别呢?

"要以去西武、去百货商店、去堤为目标。"堤清二对关系亲密的SAISON集团高层管理者这样说道。其中"去堤"表面上来看似乎是指不能依赖"堤清二",要以SAISON集团实现独立自主的经营为目标,但堤清二实际是指SAISON集团要从其父堤康次郎创建的事业之中脱离出去,乃至实现超越。"去堤"可以看作是堤清二对父亲的反叛。也许对堤清二来说,超越从父亲手中继承来的"西武"是他的夙愿。

对于绝大多数企业来说,否定作为支柱的祖业都是非常困难的。这也被称为"改革的困境",是企业实现二次成长的最大阻碍。

但对于堤清二来说,这种困境完全不存在。他正是通过否定祖业，才创造出了无印良品、PARCO和LoFt。

正如前文提到过的那样，LoFt理念的根源来自西武百货池袋总店在20世纪70年代到80年代尝试的专卖店项目。

1975年，"休闲馆"在西武百货池袋总店诞生。"休闲馆"最大的特点就是不追求和传统百货商店一样丰富的商品种类，却深入挖掘各个领域的商品。后来的杂货专卖店LoFt、书店LIBRO、音乐专卖店WAVE等SAISON集团的连锁专卖店的前身都集中于此。

以此为起点，西武百货"专业大店"的战略逐步落地。

第二节 LIBRO 的荣耀

"我对自己创建的许多企业都感到非常自豪，LIBRO就是其中之一。"堤清二在晚年的时候曾经这样写道。

从西武百货独立出来的著名专卖店不只有LoFt，还有连锁书店LIBRO。1975年，西武百货在引入西武美术馆的同时，也对西武百货池袋总店进行了大规模改建，开设了百货商店直营的图书卖场。这个图书卖场后来发展成为大型连锁书店LIBRO。

在百货商店内占地面积约1 000平方米的大型书店在当时是绝无仅有的，因为对百货商店来说，销售图书的利润非常低是常识。

据说西武百货当初也打算吸引外部大型书店入驻，但堤清二最终还是决定创办直营的图书卖场。

促使堤清二做出这个打破百货商店经营常规的决定的，是一位员工提出的建议："既然我们推出了包括美术在内的文化战略，那么书店也是个不错的选择。"

销售图书本来就不怎么赚钱，而池袋又有很多大型书店，竞争十分激烈。因此，在百货商店里开设图书卖场似乎并非明智之举，但书店项目仍然在堤清二的号令下启动了。

逆境培养出了LIBRO的独特性

LIBRO项目的负责人是小川道明，他曾经在出版社工作过，后来进入SAISON集团在西友负责宣传工作。因为他比较熟悉出版领域，所以是开展书店项目的不二人选。

据说LIBRO最初的团队成员，有从外部的书店招募的，也有在百货商店内部的人才中选拔的，完全是临时拼凑起来的团队。

因为很多人都不熟悉图书业务，所以在图书卖场开业之后很长一段时间里，LIBRO的团队成员都处于手忙脚乱的状态，甚至闹出了将安部公房的代表作之一《燃烧的地图》放在销售地图类图书货架上的笑话。

后来成为LIBRO董事以及池袋总店店长的菊池壮一，在图书卖场开业两年后的1977年入职西武百货。虽然他最初希望进入食品部门工作，但被安排到了图书部门。菊池壮一回忆道："因为别人觉得我们是百货商店里的业余书店，所以不把新书发给我们，就连很多常销书也不给我们。因此，我专门去各个出版社登门拜访，请求'给我们提供一些新书''给我们提供一些常销书'。"

在刚起步的时候，西武百货也被日本著名服装生产企业冷落。当时刚入职不久的堤清二正是在这种逆境中将西武百货发展起来的。在克服困难的过程中，西武百货率先引入了欧洲的高端品牌，并且进行了大胆改革。

在创立书店事业的时候，西武百货又继续发扬了这种不畏逆境的精神。菊池壮一回忆说："当时，我们举办了许多其他书店从未举办过的活动，比如童书朗读会等。"在不断地传播独特信息的过程中，LIBRO的名气也逐渐扩大。

换一个角度来看，或许正因为身处逆境，所以LIBRO的团队才能坚持努力拼搏，取得优秀的成绩。

引领新学院派热潮的LIBRO

"不赚钱也没关系，但你们一定要传播热门的信息。"堤清二最初对图书部门提出了这样的要求。

"不追求眼前的利益，而去思考能够向社会传播什么信息"，凭借这个经营理念，LIBRO在20世纪80年代一跃成为书店行业引人注目的新星。

20世纪80年代,新学院派思想在大学生中非常流行。曾经被认为高深莫测、晦涩难懂的哲学思想,因为被诠释为普通人也能理解的内容而迅速流行起来。池袋LIBRO趁此机会举办了许多相关活动,成为"新学院派的圣地"。浅田彰和中泽新一等学者在20世纪80年代之所以能够成为"知识明星",LIBRO发挥了至关重要的作用。

西武百货将欧洲的高端品牌推荐给日本的普通消费者。同样,LIBRO也将原本只存在于象牙塔的知识向大众普及。LIBRO引领的新学院派热潮"将知识变成了时尚",给非常重视文化性与知性形象的SAISON集团做出了巨大的贡献。

1985年,LIBRO从西武百货独立出来,随后不断发展壮大,成为知名的连锁书店。

LIBRO之于辻井乔

对于以"辻井乔"为笔名拥有作家身份的堤清二来说,书店事业似乎具有非常特别的意义。据说堤清二经常去西武百货池袋总店的图书卖场闲逛。

菊池壮一也回忆说,堤清二经常询问他关于新书的问题,"堤清二在卖场里翻阅图书的时候,总是能想出新的事业计划,然后他就会在图书卖场的办公室里打电话,比如打电话跟秘书说'马上把某某和某某找来',做出准备召开会议的指示"。

堤清二还尝试着将在海外备受关注的思想用于店铺经营上,常常会在内部会议上提出现代思想等话题。似乎每当他在LIBRO中漫步时，脑海里都会浮现出许多独特的商业创意。

堤清二也是一个非常喜爱读书的人，他经常会自掏腰包购买很多书籍。因为堤清二经常在内部会议上引用自己读过的书中的内容，所以西武百货的高层管理者们经常向菊池壮一询问堤清二买了哪些书、书中都有哪些内容。

"把批判我们的书摆出来"

菊池壮一每天都会从新出版的书中挑选出堤清二可能感兴趣的书送到堤清二的秘书室，堤清二会挑选自己喜欢的书买下来。有一天，菊池壮一接到秘书打来的电话，秘书问："今天应该有一本书出版，怎么没送来呢？"秘书说的是一本批判SAISON集团的书。菊池壮一回答说："因为这本书里面有批判SAISON集团的内容，所以没有送过去。"结果电话那边传来堤清二的声音："一本书的内容是好还是坏要由读者来判断，将这本书和赞美SAISON集团的书摆在一起。"

无论是身为作家的堤清二，还是受堤清二之托负责图书事业的小川道明，对言论自由都有着非常执着的坚持。

菊池壮一回忆道："LIBRO一直售卖《感官世界》，警察因为这件事来书店调查，但我们坚持不将其下架。"《感官世界》是20世纪70年代上映的同名电影的相关书籍，当时法院正在判这本书是否属于"淫秽色情"出版物进行审理。电影和书籍都是著名电影导演大岛渚的作品。

LIBRO的态度是：在司法审判没有得出结论之前，应该尽可能地维护言论自由。最终法院判决的结果是作者和出版社胜诉。

这种对信念的执着，也是LIBRO的个性之一。

位于六本木的传说中的音乐馆

现在大型综合设施"六本木新城"的所在地，曾经有一所SAISON集团的实验性音乐设施WAVE。WAVE也是起源于西武百货的专卖店，后来作为独立店铺运营。WAVE是出售唱片、磁带等音像制品的大型专卖店，一号店于1983年开业。

20世纪90年代，HMV[①]和Virgin Megastores（维珍超级百货公司）等海外的大型音乐连锁店相继登陆日本，而WAVE早在它们之前就已经确立了自己在日本音乐连锁店行业的地位。

WAVE的一号店是SAISON集团与壳牌石油合作成立的。壳牌石油将其位于六本木的一处闲置建筑改造成了WAVE一号店。这栋建筑地下有两层、地上有七层，正对着六本木大道。

---

① HMV是His Master's Voice（他的主人的声音）的缩写。1921年已在英国伦敦牛津街开店的HMV曾引领音乐潮流。20世纪60年代，披头士乐队刚出道时处处碰壁，幸得HMV赏识推介给唱片公司，后来红遍全球。现在，HMV分店遍布全球多个国家和地区。

第四章 专卖店

WAVE作为音乐与影像相关的大型专卖店，除了销售音像制品之外，还在同一栋建筑内设有电影院"CINE VIVANT六本木"（六本木电影生活）以及影音工作室等。

当时，日本很少有规模如此庞大的音像制品专卖店，因此WAVE受到了社会各界的广泛关注。

20世纪80年代，CD和录像带开始在家庭中普及。利用先进技术为消费者提供影音内容的WAVE作为传播SAISON文化的先锋，得到了年轻一代消费者的大力支持。

消费者可以在WAVE买到世界各地的音像制品，甚至包括在日本几乎没有人听说过的与民族音乐相关的商品，种类十分丰富。WAVE还创立了自营品牌，销售自己独有的音像制品。

与著名的现代音乐家武满彻私交甚厚的堤清二，对音乐也有自己独到的见解，因此十分关注WAVE的发展。

WAVE一号店凭借崭新的店铺设计，给都市的年轻人带来了巨大的冲击。在六本木开设店铺之后，WAVE又相继在涩谷等地开设了连锁店铺。

堤清二的二儿子堤孝雄表示，在SAISON集团的所有事业之中，他对WAVE的印象最为深刻。他说："在六本木WAVE的顶层有个录音室。很多录完音的艺人会来到一楼我母亲经营的餐厅'Rain Tree'（雨树）里闲聊。我上中学的时候就经常在那里见到布袋寅泰和坂本龙一等音乐界的传奇人物。"

不过，当时SAISON集团里与WAVE事业相关的管理者都认为，

"虽然WAVE凭借全新的尝试得到了音乐界的高度评价，但收益非常差"。

根据东京商工调查公司提供的数据，在鼎盛时期拥有超过40家店铺的WAVE，于2011年关闭了所有店铺并申请破产。似乎互联网的飞速发展对WAVE造成了极大的打击。

尽管如今WAVE已经彻底消失，LIBRO也不复昔日的辉煌，但在20世纪80年代，SAISON集团在音乐和书籍领域的专卖店引领了当时的文化和流行趋势，这是毫无疑问的事实。不仅销售商品，还传播与文化和生活方式相关的信息，这就是LIBRO和WAVE的优势所在。

只要消费者来到这里就能有新发现，使自己产生改变。成为这样的店铺，就是LIBRO和WAVE的目标。

现在，正是对LIBRO和WAVE的商业模式进行重新审视的时候。随着以亚马逊为代表的电子商务不断发展，实体店铺必须思考如何吸引顾客前来光顾，以及自身的存在意义。如今被称为文化便利俱乐部（Culture Convenience Club）的复合商业设施，位于东京涩谷的代官山T-SITE（代官山T站），可以说继承了SAISON集团的理念。其中的茑屋书店销售书籍和音像制品，加之与步行街相连的众多的专卖店，将全面的生活方式从整体上提供给消费者。

第三节 堤清二的理念与继承者的奋斗

因为堤清二的先见性而诞生的专卖店和服务，通过提供全新的生活方式而得到了消费者的喜爱。但这样的事业要想长期经营下去就必须在应对环境变化的同时，建立起能够稳定地产生利润的经营方式。为了实现这一点，经营者必须坚守创业精神，不断进行革新。

如今，仍然有许多曾经在SAISON集团工作过的经营者继承了堤清二的理念，坚持挑战上述难题。担任大型网络票务公司e+会长的桥本行秀就是其中之一。

正如第二章介绍过的那样，在西武百货有乐町店开业的同时，TICKET SAISON也宣告成立。桥本行秀当时作为TICKET SAISON的负责人，后来一直在票务领域工作。

20世纪90年代后半段，TICKET SAISON陷入经营危机。桥本行秀在那时成立了一家全新的企业，名为Entertainment Plus（娱乐+，现在为e+），成功地将事业继承了下来。

"否定自己原来的商业模式，并推动改革。我其实只是将从堤清二那里学来的东西执行下去而已。"桥本行秀回忆起自己在1999年创建以网络销售为主的票务公司Entertainment Plus时这样说道。

TICKET SAISON的困境

1984年诞生于西武百货有乐町店的TICKET SAISON，随着西武百货多元化战略的不断发展，规模也随之扩大。20世纪80年代作为与TICKET Pia不相上下的大型票务公司，为SAISON文化的传播工作做出了巨大的贡献。

虽然TICKET SAISON表面上看起来很风光，但实际上收益一直不佳。1990年，西武百货在处理亏损事业时，将TICKET SAISON事业转移到了西友旗下。

桥本行秀与当时同样属于西友的全家开展合作，在便利店中开设售票网点，订购的票券也可以在全家便利店中自取。将票务事业与便利店事业相结合，可以说是TICKET SAISON首创的。

TICKET SAISON通过与全家的合作而在日本获得大量销售网点，TICKET SAISON的知名度也因此大幅提升。

然而好景不长，1998年，随着西友经营重组，全家的股票被出售给伊藤忠商事。很快，全家的票务合作对象就从TICKET SAISON变成了TICKET Pia。这也使得TICKET SAISON一下子失去了几千个销售网点。

TICKET SAISON和TICKET Pia之间其实有着很深的联系。TICKET Pia的创始人矢内广在1972年就读大学四年级的时候发行了一份杂志，主要介绍娱乐圈的相关信息。当时，这样的杂志非常新颖，因此大受欢迎。后来矢内广的娱乐事业发展壮大，终于在1984年成立了TICKET Pia。

在TICKET SAISON正式成立之前，SAISON集团本打算与TICKET Pia开展合作。一位曾经在SAISON集团工作过的高层管理者回忆说，SAISON集团原本打算在自己的店铺中导入TICKET Pia的销售网点，不仅包括西武百货，还包括西友旗下的店铺。

但堤清二突然决定自己成立票务事业。于是，SAISON集团和TICKET Pia就成了竞争对手。一方是初创企业，另一方则是零售行业巨头，双方看似实力悬殊，但在娱乐圈拥有丰富资源和网络的TICKET Pia，对SAISON集团来说其实是一个不容轻视的对手。

转型网络销售，TICKET SAISON重新启程

20世纪90年代后半段，本就在事业展开上苦苦挣扎的TICKET SAISON，又被TICKET Pia抢走了非常重要的合作伙伴全家，顿时陷入了经营危机。

据说，当时西友旗下负责开展票务事业的部门已经考虑退出该领域了。SAISON集团内部也有很多人提议退出票务事业。

"TICKET SAISON已经在事实上失去了竞争能力。"认识到这一点的桥本行秀决定背水一战。他凭借自己在票务销售领域多年积累下来的经验，酝酿出了一个全新的商业模式。这也是每逢危急时刻就能产生全新创意的SAISON集团的DNA发挥作用的瞬间。

桥本行秀将票务事业从原本开展出版与票务事业的部门中剥离

出来，重新成立了一个以网络销售为主的票务公司。这就是1999年成立的Entertainment Plus。

在成立之初，Entertainment Plus得到了CREDIT SAISON一定比率的出资，但剩余部分的资金就需要桥本行秀自己去筹集了。于是，桥本行秀拿着商业计划，去找IT相关企业寻求合作，但他找了很久也没能找到符合条件的企业。这个时候，索尼出现了。当时，索尼在时任社长出井伸之的带领下，广泛地投资互联网产业。据说索尼在看完桥本行秀的事业计划之后，立即答应出资50%。

桥本行秀回忆说："索尼认为自己应该成为规则的破坏者。在这一点上，索尼与SAISON集团十分相似。"或许也正因为如此，索尼才与桥本行秀一拍即合。

Entertainment Plus采用的是会员制的互联网销售这一全新的经营方式，还接连进行了在线预约等史无前例的尝试。

Entertainment Plus通过互联网技术，成功地将票务业务的销售模式从原本面向不特定大众消费者转变为面向特定消费者提供一对一服务。

"通过彻底破坏引发革命，这就是我从堤清二那里学到的理念。"继承了堤清二时刻追求自我革命精神的桥本行秀这样说。

"去百货商店化"的难度

诞生于百货商店的诸多专卖店，随着SAISON集团解体，也走上了不同的道路。其中最具代表性的LoFt后来又会面对什么样的命运呢？

从西武百货独立出去之后，安森健成为LoFt的第一任社长。20世纪90年代，西武百货的财务状况一直不好，还被卷入医疗设备的违法交易等纠纷中。1996年，LoFt从西武百货独立。当时，担任西武百货总负责人的和田繁明一边努力重建百货商店，一边为了LoFt的发展而将其拆分出去。

独立之初，LoFt在涩谷、池袋以及梅田拥有三家店铺。就任LoFt社长的安森健于1967年入职西武百货，曾担任趣味杂货部门的负责人，后来历任西武百货筑波店店长、有乐町店店长等要职。就任LoFt社长之后，安森健提出了"去百货商店化"的目标，并且制订了非常详细的事业计划。以充满独特性的生活杂货为主的LoFt，单从卖场的形式上来看就与百货商店截然不同。

实际上在1987年开业的时候，LoFt就已经在表面上实现了堤清二和水野诚一追求的"去百货商店化"的目标。虽然表面上"去百货商店化"比较简单，但要想在商业模式上从百货商店模式转变为专卖店模式就没那么容易了。如果不能摆脱难以创造利润的百货商店的商业模式，LoFt就无法发展壮大。

于是，安森健率先从库存管理上着手进行了改革。LoFt的商品种类十分丰富，但因此存在大量库存。为了提高营业利润，LoFt必须对每一个品类的库存进行系统管理。

除此之外，改变"全权委托给批发商"的百货商店的采购模式也是LoFt必须处理的事情。一般来说，百货商店可以将卖不出去的商品退还给供应商。虽然这样做降低了百货商店的经营风险，但这也导致百货商店的利润率不高。

如果想赚取更高的利润，专卖店就必须改变这种商业模式，采取买断式的采购方法。

安森健认为，为了改变商业模式，"就不能什么事都靠供应商，而要引入信息系统，自己进行细致的商品管理"。如果沿用西武百货的系统，就无法从根本上改变商业模式，同时也难以进驻西武百货之外的百货商店。

成为能够持续获得利润的组织

SAISON集团的强项在于优秀的事业企划能力，但缺乏让新事业走上正轨，持续获得利润的执行力。

许多曾经在SAISON集团任职的高层管理者都认为，"当创意实现之后，堤清二就会对其失去兴趣"。毫无疑问，堤清二的性格对事业的发展造成了一定的影响。

如果堤清二能够对那些踏踏实实完成工作的员工给予更多重视，或许SAISON集团的命运会有所不同。

不过在LoFt开始进行经营改革的20世纪90年代中期，堤清二已经退出经营一线了。安森健必须凭借自己的力量让LoFt成为能够持续获得利润的组织。

据说堤清二曾经多次对安森健提议，"LoFt也可以开发自有品牌商品"。堤清二也许打算让LoFt成为第二个良品计划。

无印良品作为西友的自有品牌取得了极大的成功。因此，堤清二希望LoFt也能以同样的方法取得成功。

但安森健并没有采纳堤清二的建议，他认为"LoFt不需要自有品牌"。LoFt的生命线在于丰富的商品种类。这需要与批发商和生产企业进行合作，采购人员根据市场需求和流行趋势选择合适的商品。这就是LoFt的强项，也是其最大的特点。安森健认为，将优势坚持下去对LoFt的发展最为有利。

此外，安森健一方面完善LoFt的信息系统，另一方面引入了将商品分类和陈列等业务标准化的"单元操作"制度，努力提高经营效率，进而提升经营利润。

看到良品计划作为独立的上市企业实现了良好发展，安森健也计划将LoFt上市。2002年，LoFt的母公司西武百货卖出了一部分LoFt的股票，永旺和森信托分别购买了一两成LoFt的股票。安森健希望股权尽量分散，这样才可以保证LoFt独立经营。安森健回忆说："当我将自己的想法向堤清二汇报的时候，他立刻理解了我的用意，并且告诉我一定要坚持独立自主。"

与西武百货一起归属于Seven&i旗下

但后来，LoFt上市的剧本开始朝着无法控制的方向发展。

2002年，LoFt的股权被分散了。过了几年，负责LoFt上市的证券公司忽然告诉安森健说，"上市有些困难"。

当时，LoFt的股东西武百货与崇光合并，成立了千禧零售。安森健觉得一定是西武百货那边出现了问题。2006年，千禧零售被Seven&i控股收购，LoFt成为Seven&i控股的孙公司。

"无论如何都要守护LoFt。"在LoFt被Seven&i控股收购之后，堤清二这样对安森健说道。

但安森健从2008年起便不再担任LoFt的社长了。在LoFt开始独立经营的1997财年，LoFt的销售额为214亿日元。在安森健退任前的2007财年，LoFt的销售额增长到684亿日元。

现在，LoFt的店铺数量已经超过110家，销售额也超过了1 000亿日元，实现了稳定发展。

不过LoFt在经营战略上受Seven&i控股的影响极大，与良品计划完全无法相提并论。如今发展迅猛的专卖店，比如良品计划、优衣库和NITORI，都是由专业的专卖店企业运营的。像Seven&i控股那样以连锁便利店为中心，且拥有多种业态的复合零售集团未必能够发挥LoFt的优势，让其得到更好的发展。

LIBRO的困境

虽然书店事业对SAISON集团的文化战略和形象提升做出了巨大

的贡献,而且堤清二也非常重视,但正如前文提到过的那样,书店事业的利润非常低。

20世纪90年代,LIBRO发展成为拥有40多家店铺的著名连锁书店。但随着SAISON集团的经营状况恶化,LIBRO也在集团内部几易其主,先后归属全家、西友、PARCO……

2001年,LIBRO的母公司PARCO的控股股东变成了森信托,SAISON集团基本上已经解体。紧接着,PARCO为了进行重组,决定将LIBRO卖给日本出版贩卖(日贩)。

2006年,LIBRO池袋总店的"房东"西武百货池袋总店被Seven&i控股收归旗下。

在动荡的局面下,菊池壮一就任LIBRO池袋总店的店长。为了扭转困境,菊池壮一接连企划了一系列的活动。菊池壮一说:"在优秀店员的帮助下,我们在五年中举办了600多场活动。"即便在亚马逊飞速发展的时期,LIBRO仍然在逆风中坚持前行。但到了2015年,LIBRO池袋总店终于坚持不下去了。

当时,距离西武百货开设自己的图书卖场刚好过去了40年。据说LIBRO希望在与西武百货的租约到期后能够继续保留庞大的卖场,但被西武百货拒绝了。

2015年7月20日,LIBRO池袋总店最后一天营业,不舍的顾客们纷纷前来。在位于地下一层的巨大立柱上,贴满了与书店有渊源的作家和名人的寄语,其中包括作家高桥源一郎和社会学家上野千鹤子。时任LIBRO社长的三浦正一在闭店致辞上提到,希望LIBRO能够在池袋重新开店。但他的这一梦想至今也未能实现。

一位与LIBRO相关的人士说:"在网络销售盛行的当今时代,如果LIBRO再开设规模如此庞大的书店,那么风险实在太大了。"

日贩宣布在2018年9月1日将旗下的LIBRO、万田商事以及AYUMI Books(步美图书)三家企业合并,成立新公司LIBRO PLUS(图书+)。

尽管书店经营面临重重的困难,LIBRO PLUS仍然凭借坚实的经营基础和高效的店铺运营管理,在以东京都市圈为中心的14个都府县中开展事业,累计开设了89家店铺,其中LIBRO有70家。

即便身份发生了改变,但曾经在LIBRO之中接受过SAISON文化洗礼的顾客的记忆是不会轻易发生改变的。

堤清二为了超越百货商店这一商业模式的局限,不断地进行自我革新,因此诞生了诸多充满个性的专卖店。

堤清二的继承者坚持着堤清二的创造力和理念,为了让这些专卖店事业继续发展下去,一直在不断奋斗。

SAISON集团培养出了许多优秀的人才,其中许多人成长为企业的高层管理者。这也是堤清二为未来做出的贡献。

第五章
酒店与休闲娱乐

SAISON集团在鼎盛时期引领了日本第二次世界大战后大众消费的潮流。以西武百货为母体，朝着大型综合企业集团不断迈进的SAISON集团，究竟在什么地方摔了跟头呢？SAISON集团最大的失败就是涉足酒店与度假设施开发领域。

堤清二作为经营者的一生可以说是光影交错的，而影的部分，基本都凝缩在负责开展上述事业的不动产公司西洋环境开发之中。

酒店与休闲娱乐曾经是西武集团的核心业务。在堤康次郎于1964年去世之后，这些业务被堤清二同父异母的弟弟堤义明继承。

堤清二之所以在20世纪80年代接连开发酒店、滑雪场、度假设施等，显然是因为想与堤义明开展竞争。

但兄弟之间的对抗并不是促使堤清二开展多元化战略的唯一原因。早在20世纪60年代入职西武百货的时候，堤清二就已经开始思考怎样才能给日本人带来真正富裕且充实的生活了。从那个时候开始，他就有了关于"生活综合产业"的理想。

但追逐梦想的结局是残酷的。20世纪90年代，SAISON集团的负债超过3万亿日元，西洋环境开发也在2000年陷入困境，最终导致SAISON集团解体。

本章重点介绍SAISON集团在酒店与休闲娱乐领域的发展历程。

第五章 酒店与休闲娱乐

第一节 堤犹二眼中的堤清二之梦

在神奈川县有一个叫作"镰仓灵园"的墓地，西武集团的创始人堤康次郎就长眠于此。4月26日是堤康次郎的忌日。堤义明和西武铁路、国土计划公司等西武集团旗下企业的高层管理者在这一天会齐聚于此，为堤康次郎扫墓。堤义明的亲弟弟堤犹二说："我入职SAISON集团之后，也曾经参加过几次扫墓活动。但当SAISON集团旗下的银座西洋酒店开业，再加上收购（在全球拥有100多家酒店的）洲际酒店之后，他们就不愿意让我参加了。可能他们觉得我已经是敌人了。"

堤犹二是堤康次郎的第五个儿子。与堤义明一样，都是石冢恒子所生的。后来，堤清二的母亲青山操被堤康次郎娶为正室，而石冢恒子则一直没有名分。

1964年，堤康次郎突然去世，铁路、酒店、不动产等主要事业全都由堤义明继承。堤清二只继承了百货商店事业，并创建了SAISON集团。西武集团由此一分为二。

西武集团分裂给堤犹二带来了巨大影响。最初，堤犹二作为王子酒店的社长，为西武集团的发展做出了巨大的贡献。但进入20世纪70年代之后，"堤义明想将酒店事业也控制在自己的手中，所以就疏远了堤犹二"。堤犹二奉堤义明之命前往加拿大负责当地王子酒店的经营工作，实际上就像是被从日本流放出去一样。

当加拿大的王子酒店走上正轨，堤犹二正打算离开的时候，他接到了堤清二打来的电话。堤清二说："我在银座建了一家酒店，想请你帮我看看图纸。"

当时是1987年，SAISON集团非常高调地开设了"银座西洋宾馆"。也是从这个时候开始，堤犹二作为堤清二的左膀右臂，与SAISON集团的酒店事业深深地联系在了一起。

堤义明对此事又会有怎样的想法呢？堤犹二说："堤义明认为酒店和观光事业是西武集团最擅长的领域，对SAISON集团也进军这个领域感觉非常不爽，毕竟之前两家一直井水不犯河水。如果只是开设银座西洋酒店，或许堤义明还不会太在意，因为那家酒店很小，构不成什么威胁，但当SAISON集团收购洲际酒店之后，堤义明的面子就有点儿挂不住了。"

堤义明之所以不让堤犹二参加自己主持的扫墓活动，原因就在于此。

年轻时就涉足过酒店事业的堤清二

因为堤义明继承了西武集团的酒店事业,所以人们往往认为堤清二接触酒店事业的时间比堤义明晚得多,但实际情况并非如此。

1964年9月1日,东京王子酒店开业,负责其开业准备工作的就是西武百货。当时担任西武百货池袋总店店长的堤清二也是东京王子酒店的事业负责人。

当时,日本即将举办奥运会,酒店设施不足成为国家性的课题。曾经身为政治家的堤康次郎认为"自己必须为此做些什么",于是早在几年前就着手建设大型国际酒店。

东京王子酒店的设施在当时属于顶尖水准,房间设计和装潢都是由堤清二的母亲,被称为"会长夫人"的青山操亲自把关的。

为了纪念东京王子酒店开业,西武百货在酒店内举办了"达利作品展"。堤清二回忆说:"这是只有西武百货才能举办的活动,引发了热烈的反响。可能从那个时候起,堤清二就对酒店事业产生了想法。"

遗憾的是,堤康次郎既没有亲眼看到酒店开业,也没有看到东京奥运会开幕,在1964年4月突然病逝。随后,西武集团的酒店事业被堤义明继承,东京王子酒店也从西武百货移交到西武集团手中。

与众不同的银座西洋酒店

从那以后过了大概20年,几乎从没正式涉足酒店事业的堤清二在1987年开设了银座西洋酒店。起因是SAISON集团参与了东京剧院等电影公司制订的土地开发计划,作为交换,SAISON集团向东京剧院提供资金援助。

"堤清二打算在银座开设一家酒店,作为传播信息的据点。不仅要有酒店,还要有剧场。"堤犹二这样说道。

虽然银座西洋酒店的盈利并不多,却拥有很多领先时代的要素。比如在银座西洋酒店的旁边就是"银座SAISON剧场"。银座西洋酒店的客房数量只有80间,而且没有宴会厅。酒店内的设施非常豪华,还配有"私人秘书",能够给顾客提供无微不至的服务。当时在日本,这种小规模的高级酒店十分稀少。

在一直以来都认为只有拥有庞大的宴会厅才算是"一流酒店"的日本酒店行业之中,银座西洋酒店的出现打破了人们的常识。这也非常符合堤清二的个性。

虽然在经营上一直面临着各种困难,但银座西洋酒店在日本开创了欧式高级酒店的先河。

收购洲际酒店

1985年,堤清二将集团的名称从一直使用的"西武流通集团"

更改为"西武SAISON集团"。也是在这一时期,SAISON集团加快了向"生活综合产业"转型的脚步。

堤清二进军酒店、观光、休闲娱乐事业可以说是一种必然。但SAISON集团的"生活综合产业"作为商业活动要想取得成功是十分困难的。堤犹二说:"SAISON集团一直坚持为消费者提供全新生活方式的商业模式。在生活方式改变使市场扩大后,这种商业模式确实能够盈利。但SAISON集团在生活方式开始改变之前,就不断地提出全新的价值观。也就是说,在取得利润的果实之前,SAISON集团就又展开了新事业。因此,SAISON集团总是难以取得利润。"

1988年,SAISON集团着手收购洲际酒店。堤犹二全程参与了这个项目,他说:"当时很多银行都希望能够参与SAISON集团的并购项目,其中日本兴业银行和日本长期信用银行最为积极。"

日本兴业银行带来的是希尔顿酒店连锁在美国以外的国际事业。对此,堤犹二说:"日本企业收购象征着美国的酒店品牌,只会惹人讨厌。最关键的问题是,由谁来经营呢?"听完堤犹二的意见后,堤清二拒绝了这个并购项目。

日本长期信用银行带来的是洲际酒店的收购项目。洲际酒店是在世界范围内拥有大约100家酒店的庞大连锁酒店。堤清二希望SAISON集团负责日本和亚洲地区的酒店经营工作,其他地区则交给共同收购的合伙人经营。

最初,SAISON集团希望希尔顿酒店成为他们的合伙人,但事与愿违，北欧航空后来成了SAISON集团的合伙人。

堤清二之所以拒绝收购希尔顿酒店，而选择收购洲际酒店，除了因为这样做不容易被欧美政府干预外，更重要的原因在于，收购洲际酒店符合堤清二理想中的SAISON集团的事业战略和经营理念。

堤清二构筑了一个以亚洲为中心的国际化战略。当时，西友与印度尼西亚的英雄集团开展合作，已经开始构筑国际化的事业网络了。因此，对于堤清二来说，收购洲际酒店是实现SAISON集团国际化战略的大好机会。

与洲际酒店相关的企业，大多在多个国家和地区开展多种多样的商业活动。SAISON集团可以通过收购洲际酒店，和这些企业取得联系，构建业务网络，从而取得巨大的相乘效果。

酒店是文化的核心

堤清二选择洲际酒店还有一个重要原因：他感觉到洲际酒店有极强的"文化性"。

以希尔顿为代表的美国连锁酒店，大多采用标准化的运营模式。虽然洲际酒店旗下拥有约100家酒店，但每一家酒店都根据当地的实际情况采取本土化的运营模式。这种尊重当地文化的经营方式与堤清二的理念不谋而合。堤犹二说："不管在哪个国家开店，希尔顿采取的都是全球统一的经营方式。洲际酒店的每家酒店都有独特的个性，无论是建筑外观还是内部装饰，都能够反映出当地的特色和文化……虽然洲际酒店是全球化企业，但其一直根据各地的特点开展经营活动，从服务到其他各项业务都力求本地化。堤清二很欣赏他们的这种做法，并且认为'如果我来做的话，一定会做得更好'。"

酒店事业对堤清二来说具有什么意义呢？

"堤清二认为：酒店就是文化，是扎根于当地的信息传播据点，是文化的核心。他为什么要在东京王子酒店于1964年开业时在酒店里举办达利作品展呢？他的目的就是传播文化的信息。"堤犹二解释道，"酒店会有各种各样的客人，不同的信息和文化在酒店中相互碰撞。酒店是24小时无休的文化熔炉。这就是堤清二对酒店事业的印象，所以他才对酒店事业如此痴迷。"

在日本创建地标

基于洲际酒店重视本土化的宗旨，堤清二打算在日本新建一个堪称地标的洲际酒店。

当时正好赶上在横滨的"港未来21区"建造国际会展中心和酒店的项目启动。据说堤清二看中了这个项目，想尽一切办法获得了建造酒店的机会。

1991年，横滨洲际大酒店开业，这个造型独特的国际酒店立刻成为横滨海岸区的标志性建筑。

横滨洲际大酒店是SAISON集团收购洲际酒店后在日本开业的第一家酒店。因此,堤清二对横滨洲际大酒店倾注了大量心血。堤犹二回忆起横滨洲际大酒店开业时的盛况,说:"堤清二认为横滨缺乏文化的氛围,因此在酒店中加入了许多现代美术作品等艺术要素,比如雕刻、绘画、各种装饰……最后,酒店几乎成了一件艺术品。"

但对横滨这个市场来说,横滨洲际大酒店明显有些"超标"了。后来,过度投资也成了导致其出现经营问题的主要因素。

SAISON集团收购洲际酒店之后不久,海湾战争于1991年爆发。全世界的旅客数量急剧减少,酒店连锁企业蒙受了巨大的损失。

与此同时,日本的泡沫经济崩溃,经济环境开始发生剧烈的变化。

连续的意外事态导致卖出酒店

与SAISON集团共同出资收购洲际酒店的北欧航空因为经营出现问题,希望将自己持有的40%洲际酒店股份出售给SAISON集团。

SAISON集团旗下的各家企业对这件事的态度各不相同。最终,当时SAISON集团内财务状况比较好的西友在1992年收购了北欧航空持有的洲际酒店的股份。

为了尽快重振酒店事业,SAISON集团准备将洲际酒店在纽约上市。但不巧的是,这次轮到SAISON集团出现经营危机了。

西友旗下的非银行金融机构被曝出存在巨额负债,为SAISON集团提供融资的银行团要求偿还债务的压力与日俱增。SAISON集团根本来不及等到洲际酒店上市，就不得不考虑将其卖掉。

于是，堤犹二开始为了寻找买家而四处奔走。1998年，SAISON集团决定将洲际酒店出售给英国的巴斯集团。SAISON集团当时的经济状况不佳并且有着巨额债务，因此将洲际酒店卖掉是唯一的选择。即便如此，堤清二对此仍然耿耿于怀。据堤清二身边的人回忆，堤清二曾经说："我竟然将洲际酒店拱手予人，后人一定会认为我是个白痴。"

但实际上，在收购洲际酒店的时候，SAISON集团旗下就有企业提出过反对意见，认为"集团的财务状况并不乐观，不应该再花那么多钱进行收购"。

加速开发休闲娱乐和观光事业

堤清二早就意识到，SAISON集团主营的百货商店和超市等零售事业是有局限性的。

因此，他才提出"生活综合产业"的理念，在酒店、休闲娱乐、观光等"内容消费"领域投入了大量精力。20世纪80年代之后，他加快了在休闲娱乐和观光事业上的发展速度。

SAISON集团之所以在酒店和休闲娱乐、观光领域加大投入力度，也和当时的时代背景有关。1987年，《日本综合保养地域整备法》开始实施，日本各地都掀起了度假设施开发的热潮。

企业开始执行双休制，再加上泡沫经济影响，消费者的消费习惯逐渐从商品消费转变为内容消费。

在很多人眼中，堤清二是"趁着20世纪80年代泡沫经济的浪潮进军酒店和休闲娱乐等事业，最终失败的经营者"。但这并非事实。

事实上，堤清二自从成为经营者的那一天起，就对休闲娱乐事业非常关注。

堤清二对休闲娱乐产业的期待

1962年，实业之日本社出版了一本书，名为《休闲娱乐的科学》。这本书的主编是堤清二，他当时35岁。这本书是将在《日刊工业新闻》上连载的内容整理成册出版的，据说"以西武百货为中心，加上若干外部成员，由自称'大众休闲娱乐研究会'的会员共同执笔完成"。

在这本书中，堤清二等人预言，随着大众消费社会不断发展，日本也会和欧美一样，休闲娱乐产业将在经济和社会之中发挥巨大的作用。这也可以说是SAISON集团休闲娱乐事业的出发点。

书中这样写道："取代'有闲阶级'的'有闲大众'追求'好时代的好生活'，所以对休闲娱乐充满了热情。这就是在今天的美国、明天的欧洲和后天的日本发生的现象。这种现象被称为大众休闲娱乐现象。我们将对这个出现于20世纪后半段的全新现象进行分析和解读。"

这本书对日本国内外的休闲娱乐市场和产业进行了深入分析，最终得出了结论："我们必须在为消费者的休闲娱乐活动提供服务，致力于让人们获得更多幸福感的具体的经济活动过程中构建经营理念。"

由此可见，堤清二在年轻时就已经有通过休闲娱乐事业让日本人的生活变得更加充实的决心。"经营理念"这个词也能充分地反映出堤清二在休闲娱乐和观光事业之中对文化的重视。

体现堤清二理念的八岳开发

说起最能够体现SAISON集团文化和艺术气息的度假村开发项目，当数位于长野县的"八岳高原海口自然乡"。

早在20世纪60年代，这里就被开发为别墅住宅区。到了20世纪80年代，这里又以度假村的形式被进一步开发。

SAISON集团举办了多场面向登山游客和周边别墅住户的音乐会，受到广泛关注。1988年，堤清二开设了"八岳高原音乐厅"。

堤犹二说："八岳的开发项目最能反映出堤清二全新的度假村开发理念。这个项目拥有许多可以让人长期居住的要素，就像是创建一个真正的村庄一样。这里空气清新，气象条件也很好，是日本国内为数不多的适合乐器演奏的地区，因此堤清二决定在这里建造音乐厅。他希望吸引音乐相关人士来到这里，这就是他想要创建的文化氛围……SAISON集团的度假村项目都追求让顾客长期居住，这就是堤清二的理念。"

另一个比较有代表性的例子就是SAISON集团旗下的不动产公司西洋环境开发在北海道新得町建设的项目"札幌度假村"。这是一个以滑雪场为核心的山区度假村,但堤清二仍然将"长期居住型度假村"的理念引入其中。

1984年,SAISON集团与全世界最大的旅游度假集团地中海俱乐部(Club Med)开展了业务合作,双方选择在北海道的札幌建设第一个合作项目。1987年,"Club Med·札幌"开业。度假村的管理团队由外国人和日本人共同组成,为顾客提供娱乐和滑雪教练等服务,力求让顾客即便在度假村中长期居住下去也不会感到厌烦。

在收录了与社会学家上野千鹤子对谈的《后消费社会的未来》之中,堤清二说:"地中海俱乐部的特点是充分利用志愿者的力量,企业和民间力量合作共同运营度假村。我非常认同这种经营方针。"

虽然堤清二的理想很好,但现实是残酷的。即便经济飞速发展,日本也没有出现像欧洲那样拥有长期带薪休假的人群,因此长期居住型的度假村几乎没有什么市场。到了泡沫经济崩溃后的20世纪90年代,札幌度假村与银座西洋酒店都成了西洋环境开发沉重的负担。

急于求成的多元化发展之路

对于渴望构筑"生活综合产业"的堤清二来说,酒店和度假事业是必不可少的。但不可否认的是，堤清二这么做，肯定出于与同父异母的弟弟堤义明进行竞争的心理。

据说，堤清二经常对周围的人说："王子酒店的档次太低了。"有一位曾经在西武百货任职的高层管理者记得堤清二曾经说过："因为堤义明的疑心太重了，所以财政界没有人愿意和他打交道。"

因此，当SAISON集团进军酒店和度假事业时，堤清二肯定要采取与堤义明截然不同的做法。但堤清二在酒店和度假事业上扩张的脚步有些太着急了。

20世纪90年代前半段，被堤清二看作战略中心的多元化部门就已经开始出现问题。在集团的经营战略发布会上，堤清二说："多元化经营是非常危险的选择，一直以来都是以失败居多，即使有成功的案例，企业的经营者也要付出极大的努力。但是今后的世界将发生巨大的变化，企业要想生存下去就必须实现突破。"

对于堤清二来说，多元化并不是单纯扩大事业，而是实现"生活综合产业"的手段。他对这样做的风险应该是有充分认识的。但他没想到，这种风险在时代的洪流中逐渐演变为自己无法控制的严重危机。

第二节 "共犯"银行突然转变

在泡沫经济时期积极帮助企业实施扩张战略的"共犯"银行，在泡沫经济崩溃后对企业的态度发生了180度转变。

面对要求偿还债务、逼迫SAISON集团解体的银行，堤清二并没有退缩。但泡沫崩溃后日本经济一蹶不振的程度以及金融机构转变的态度确实完全超出了他的想象。

当时，SAISON集团要想摆脱危机的难度是非常大的。一直被SAISON集团视作明星企业的西洋环境开发，因为有银座西洋酒店、札幌度假村等多个亏损项目，成为导致集团解体的元凶。

围绕某个大型休闲娱乐项目的开发决策，一位当时西武百货的高层管理者曾经劝堤清二说："西武百货不能做这个项目，因为这种需要长期投入资金的项目不适合零售业企业运作。"

堤清二非常生气地回答："我当然知道这一点。但事情根本不像你说的那样，这个项目是由西洋环境开发负责的。"

这个项目就是位于神户市六甲人工岛上的水上游乐场"AOIA"。这个水上游乐场拥有巨大的水滑梯，于1991年开业，凭借崭新的模式在当时大受欢迎。这个项目的总投资超过800亿日元，SAISON集团还计划在周边修建酒店等配套设施，将其打造成城市型度假区。但1995年发生的阪神大地震给水上游乐场造成了严重破坏，导致其不得不停业。

这个水上游乐场项目是西武百货关西分公司在泡沫经济鼎盛的20世纪80年代获得的。当时，在堤清二提出的"生活综合产业"和"去零售化"方针的指导下，西武百货积极地推进多元化战略，开拓新事业被放在最优先的位置，风险管理则被放在次要位置。

虽然西武百货一直是水上游乐场项目的大股东，但正如堤清二所说，在SAISON集团内推动这项事业是西洋环境开发。

由此可见，堤清二对西洋环境开发寄予厚望，希望其能够推动SAISON集团未来的发展。

但天不遂人愿，由于西洋环境开发旗下拥有许多投入了巨额资金却没能取得利润的项目，其经营状况逐渐恶化。

SAISON集团拓展了许多事业，并且在这些事业产生利润之前通过从银行贷款继续拓展新事业，结果导致SAISON集团的负债高达3万亿日元。

东京城市金融与西洋环境开发

导致SAISON集团解体的问题企业有两家，一家是东京城市金融，另一家是西洋环境开发。

因为这两家企业背负了巨额债务，SAISON集团在银行逼迫下出售了良品计划、全家、吉野家等优质资产，最终导致SAISON集团解体。

SAISON集团解体后，堤清二在2005年5月30日出版的《日经商务周刊》上承认:"不动产部门失去了控制……我负有监督不到位的责任,这显然是我的失败。"

他非常坦白地承认了过去的失败,但这让人感觉有些奇怪。堤清二先后担任过西洋环境开发的会长和董事长顾问等要职,一直参与经营管理。从前文提到过的他和西武百货当时的高层管理者围绕水上游乐场项目的争论中也能看出,他应该承担的不只是监督责任,还有经营责任。

迅速消失的援助资金

1991年,在SAISON集团的经营危机全面爆发之前,堤清二从集团法定代表人的位置上退了下来。但银行方面认为最好还是让堤清二出面作为谈判的负责人。银行方面认为自己"给西洋环境开发提供贷款是因为信赖堤清二的SAISON集团"。也就是说,银行方面希望由SAISON集团来承担西洋环境开发的债务,从而尽可能减少银行方面的损失。

20世纪90年代中期,日本兴业银行的行长黑泽洋与堤清二进行了面谈。这充分地证明西洋环境开发的经营情况已经处于非常危险的境地了。

很快,西洋环境开发的高层管理团队经营层就进行了大换血,新上任的社长是之前担任SAISON生命保险社长的大泷哲男。"很多人都在等着我们付款,我每天都在为筹集资金而四处奔波。SAISON集团给我们提供的援助资金还没捂热就消失了。"大泷哲男回忆道。

虽然西洋环境开发以最快的速度进行事业和人员调整,但如果没有SAISON集团的资金援助,随时都有可能破产。

在西洋环境开发开展的业务之中,公寓和住宅事业相对比较稳定,而使其陷入困境的是度假村和休闲娱乐等大型开发项目。除了神户的水上游乐场之外,北海道的"札幌度假村"、东京的"银座西洋酒店"等都属于此类。

以零售行业起家的SAISON集团对于度假村和休闲娱乐设施的开发没有足够的经验。某位西洋环境开发的相关人士说:"虽然这些项目的计划看起来很完美,但在收益预估方面流露着外行特有的乐观态度。"

与金融机构谈判

20世纪90年代中期,西洋环境开发的贷款额已经接近7 000亿日元。在1995年制订的西洋环境开发重建计划之中,除了银行减免利息之外,还包括SAISON集团提供的超过1 000亿日元的资金援助。西洋环境开发并没有上市,西武百货拥有其40%的股份,西友和CREDIT SAISON等SAISON集团核心企业也有少量股份。但这些上市企业很难以合法的形式为西洋环境开发提供很大帮助。因此,这个重建计划其实是难以执行的。

1997年，第一劝业银行因为涉黑丑闻而陷入混乱。紧接着，山一证券和日本长期信用银行相继破产，日本爆发了严重的金融危机。用于贷款担保的不动产的资产价值急剧下降，银行必须尽快对不良债权进行处理。

1998年，第一劝业银行要求SAISON集团给西洋环境开发提供更多的资金援助。当时担任行长的杉田力之是在第一劝业银行的众多高层管理者被捕后的混乱中迅速上位的。对于SAISON集团来说，这是一个必须争取到对自身有利的条件的机会。

在与杉田力之见面之前，堤清二对身边的人说："如果对方要求我们提供书面文件的话，我们必须果断拒绝，直接告诉他们SAISON集团无法继续以合法的方式提供援助。"

但现实没有堤清二想的那么简单，SAISON集团的抵抗是徒劳的。最终，堤清二还是向第一劝业银行提交了"堤清二笔记"和"确认书"两份书面保证。

在这两份资料中，SAISON集团保证向西洋环境开发提供1 401亿日元以上的资金援助，帮助其偿还债务。

除了堤清二之外，还有多名SAISON集团的高层管理者也在"确认书"上签名了。但当时担任西洋环境开发社长的大泷哲男和会长森冈熏拒绝签名。在提交"确认书"之前，堤清二问他们："你们为什么没有签名？"两人的回答是："我们不能再向集团旗下的各企业请求援助了，给我们的援助已经到极限了。"

为了实施西洋环境开发的重建计划，森冈熏和大泷哲男可谓竭尽了全力。但因为在最后这个问题上与堤清二的决定出现了分歧，两人都被辞退。2000年，森冈熏因病去世。

堤清二个人承担的责任

银行要求SAISON集团提供1 401亿日元以上的资金援助，就相当于让SAISON集团旗下各家企业"把能卖的资产全都卖掉"。SAISON集团距离解体只有一步之遥。

这一时期，堤清二也陷入了苦战。虽然他已经退出了经营一线，但与银行谈判的时候，他还是得亲自出马。

据相关人士透露，1999年3月到5月，第一劝业银行、日本兴业银行、富士银行、三井信托银行等银行的行长和副行长级别的高层管理者相继与堤清二会面。

从年轻时起就一直坚持创作并发表了许多小说、诗歌、文学评论，在20世纪90年代后半段仍然笔耕不辍的堤清二，在与银行进行谈判的这段时期对身边的人抱怨自己"没有创作的灵感了"。70多岁还要面对处理巨额债务这种艰巨的挑战，堤清二一定承受了巨大的精神压力。

据说"确认书"上除了记载关于SAISON集团提供资金援助的内容之外，还记载着这样一条内容："作为SAISON集团的精神寄托与创业者纪念馆的米庄阁也交给银行作为抵押。"米庄阁是堤清二从父亲堤康次郎手中继承下来的迎宾馆，就在堤清二住所的隔壁。

在西洋环境开发破产清算时，堤清二答应拿出100亿日元的私人财产作为赔偿。不仅米庄阁，就连堤清二持有的西武百货和西友的股份，也以明确经营责任的理由出售了。

对于此事，堤清二说："这应该算是一种社会性惩罚。如果不这样做的话，我就无法得到银行方面的认可。"尽管没有任何个人的保证，也没有支付的义务，但堤清二还是选择了遵从日本的文化。

被后来的首相劝说辞职的和田繁明

堤清二成为众矢之的，被迫偿还债务。

与此同时，他的爱徒和田繁明也陷入了不得不与堤清二对立的境地。

和田繁明是西武百货定期录用的第二批大学毕业生。20世纪90年代前半段，西武百货因为医疗设备虚假交易而风雨飘摇，和田繁明挺身而出担任社长，凭借自己出众的能力带领西武百货走出困境。

因此，当SAISON集团陷入困境时，大家都期待着他能再次力挽狂澜。1997年，和田繁明将西武百货社长的职位交给当时担任西武百货专务董事的米谷浩，自己出任会长，着手解决SAISON集团面对的难题。

但和田繁明与第一劝业银行之间产生了严重的分歧。和田繁明认为，不应该为了处理西洋环境开发的问题而让SAISON集团旗下其他正常经营的企业背上沉重的负担。

他以"虽然西武百货是西洋环境开发的控股股东，但并没有参与经营"为由，拒绝继续提供资金援助。因为西武百货的财力本就非常薄弱，如果继续提供资金援助的话，那么可能会影响西武百货的生存。

事实上，银行方面提出的"让SAISON集团帮忙偿还债务"的要求并没有明确的法律依据。因此，和田繁明据理力争，准确抓住了银行的软肋，这也让银行气急败坏。感到危机的银行方面开始想办法逼迫和田繁明退任。

当时担任第一劝业银行行长的杉田力之曾经多次与和田繁明见面逼他退任。和田繁明为了反抗，甚至将矛头指向了曾经被他奉为恩师的堤清二。他对堤清二提出了尖锐的批判，认为其深入参与西洋环境开发的经营工作，对经营的失败难辞其咎。在和田繁明看来，因为堤清二被银行收买了，所以才答应对方由SAISON集团承担西洋环境开发造成的损失。

曾经在西武百货工作的和田繁明在20世纪80年代曾经被堤清二"降职"到餐饮部门，后来又否定了堤清二的路线，实施西武百货重建计划。堤清二与和田繁明之间本就存在矛盾。因此，在驱逐和田繁明这一点上，堤清二和银行达成一致意见。

和田繁明毕业于早稻田大学，与后来成为首相的森喜朗是同学，两人私交也不错。据相关者透露，森喜朗曾经对和田繁明说：

"为了不让事情进一步恶化,你最好主动引退。"

和田繁明知道森喜朗是在堤清二授意下对他说这些话的。堤清二在政界人脉颇广,与森喜朗也有来往。

和田繁明拒绝了森喜朗的提议,他说:"我不能按照堤清二的想法去做。我是为SAISON集团整体的利益考虑的,因此恕难从命。"

堤清二与和田繁明双双退任

在SAISON集团和银行围绕西洋环境开发的问题展开激战的20世纪90年代后半段,关于如何处理SAISON集团旗下的另一家"问题企业"东京城市金融2 000亿日元债务的问题,SAISON集团与银行之间的谈判也到了最后的阶段。

如果谈判失败,东京城市金融的母公司西友就很有可能破产。综合来看,SAISON集团无论如何都要避免与银行之间关系彻底破裂的结果。

最终,堤清二与和田繁明在1999年春天同时辞去SAISON集团的一切职务。

金融机构也在为了生存拼命挣扎。1999年,第一劝业银行、日本兴业银行与富士银行宣布合并,成立瑞穗控股。但在合并之前,各家银行必须解决自身的不良贷款。对第一劝业银行来说,SAISON集团的债务是无论如何都要解决的问题。

2000年,西洋环境开发背负了超过5 000亿日元的债务,提出特别清算申请。银行团承担了超过3 000亿日元的损失，SAISON集团包括堤清二的私人财产，提供了共计大约1 000亿日元的赔偿。

2000年，堤清二无论是在持有股票上还是在职务上，都与SAISON集团断绝了一切关系。因酒店与度假村开发而引发的西洋环境开发的问题，最终以身为经营者的堤清二承担全部责任的结果宣告收场。

第三节 西武的本源与SAISON集团解体

"不管结果如何，在问题解决之前，我都不会逃避。"在与银行团进行谈判时，堤清二这样对周围的人说。

2000年，围绕西洋环境开发的问题终于解决了，但SAISON集团旗下的主要企业面临的困境并没有结束。西武百货和西友都面临着融资难和资金回收难的问题。

据说，堤清二曾经对身边的人说："因为银行保证会继续给我们提供融资，我才会用私人财产偿还债务，没想到是这样的结局。"

在处理债务上消耗了大量资金，又遇上融资困境，剩下的唯一手段就只有寻求外部资金的援助了。但这种做法必然会加速SAISON集团解体的进程。

第一劝业银行希望将与自己有深入业务合作关系的西友和永旺联合起来，西友也坐到了谈判桌跟前。但2002年春，西友忽然宣布被美国的大型零售集团沃尔玛收购。第一劝业银行的高层管理者在得知这一消息之后难掩心中的不快，抱怨说"对方是外资企业，很有可能利用完以后就把西友扔掉"。西友的这一决定使第一劝业银行颜面扫地，也算是报了之前的一箭之仇。

"堤清二觉得与和日本的同行合并相比，外资企业能够带来更多不同的理念，因此对西友被沃尔玛收购表示理解。"一位曾经在西友工作的高层管理者说。但对堤清二来说，即便SAISON集团解体，他肯定也不愿被银行牵着鼻子走。

"'不要和其他银行合作，请一定选择我们'，银行那时候都争着抢着向SAISON集团提供贷款。" 堤清二在回忆起泡沫经济时期的情景时这样说道。如果说SAISON集团在泡沫经济时期采取了激进的扩张战略犯了大错，那么银行也应该承担相应的责任。堤清二显然是这样认为的。

20世纪90年代以后，零售行业的焦点全都集中在处理不良债权上，很多企业都难以凭借自己的力量实现重建，就连大荣和崇光也不例外。

SAISON集团的重建工作具有特殊性，因为SAISON集团旗下各企业互相持有股份,所以各企业就像是同心圆一样被联系在一起。重视平等关系的SAISON集团的组织结构,正如堤清二设想的那样,在成长期非常有利于各企业自由发挥创造性。但是,一旦陷入困境,SAISON集团就会在离心力的作用下失去控制。

堤清二虽然拥有优秀的创造力和先见性,却对事业管理缺乏关注。创造出包括良品计划在内诸多优秀企业的堤清二的战略和个性,在泡沫崩溃后却成为导致SAISON集团崩溃的原因之一。由此可见,优点有时候也会成为缺点。

存在于堤康次郎事业之中的SAISON集团的本源

在与上野千鹤子的对谈《后消费社会的未来》之中,堤清二说道:"不知从何时开始,我在不动产事业上的做法竟然和我的父亲一模一样。每次想起这件事,我都追悔莫及。"我们从中不难看出堤清二对自己命运的反思。

但如果回望堤康次郎在大正时代之后进行不动产开发的历史,我们或许能够从中得出不同的解读。除了不动产事业之外,SAISON集团给大众留下深刻印象的许多事业,其实都能在堤康次郎开展的事业之中找到本源。

最有代表性的事业,当数SAISON集团在长野县轻井泽开发的项目。

在堤清二倾注了大量心血的文化事业中，西武百货池袋总店的美术馆于1999年闭馆；毗邻银座西洋酒店的"银座SAISON剧场"也已经不复存在；唯一保留下来的就是现在位于长野县轻井泽的SAISON现代美术馆。

该美术馆如今由堤清二的二儿子堤孝雄担任馆长，并以代表理事的身份进行经营。馆中收藏了许多堤清二收集的作品，其中包括安迪·沃霍尔、贾斯培·琼斯、马克·罗斯科等20世纪现代美术巨匠的作品。

SAISON现代美术馆每年冬季休馆，每年4月开馆。2018年4月21日，我去SAISON现代美术馆参观。虽然之前我也去过几次，但这次我半路就下车了，在周围随便逛了逛，结果在途中获得了意外的发现。在树林中的一个小山丘上，有一尊拄着手杖的堤康次郎的雕像。底座上写着"堤康次郎先生之像"，题字者是日本前首相佐藤荣作。在底座的后面是一篇写于"昭和四十六年十月（1971年10月）"的感谢文，说明这个雕像是为了纪念堤康次郎先生为轻井泽的发展做出的贡献，由当地的有识之士特意建立的。

根据堤康次郎的自传《堤康次郎》中的记载，SAISON现代美术馆所在的轻井泽千之泷地区，正是堤康次郎开展大规模土地开发事业的第一站。

虽然堤康次郎从早稻田大学毕业之后不久，就开始在当时还属于东京郊外的落合购买土地，但他正式进军房地产开发事业，是从开发轻井泽和箱根的别墅开始的。

第五章 酒店与休闲娱乐

开拓面向中产阶级的避暑胜地

1917年，20多岁的堤康次郎开始在轻井泽进行开发时，日本正值大正时期，经济发展迅速。面向外国人等富裕阶级的避暑地开发项目多在"旧轻井泽"地区。

堤康次郎则将目光放在了当时尚未开发的千之泷地区。他提出了"文化别墅"的理念，将"文化"作为开发的核心内容。在别墅所在的"文化村"之中，除了日用品卖场、浴场、音乐厅之外，游泳池、网球场等体育设施也一应俱全，还有档次非常高的酒店。

堤康次郎并没有模仿旧轻井泽地区的开发项目，走面向"上流阶级"和高端化的路线，而将目标顾客群体瞄准了在这一时期崛起的中产阶级。

堤康次郎在自传中这样写道："我率先意识到大众社会即将到来，并将具体的行动落实到这个项目上。"

可以说，轻井泽作为避暑胜地的基础是由堤康次郎建立起来的。创建街区的构想，同样体现在西武集团其他的观光地开发项目和东京国立学园等都市开发项目上。

堤清二同父异母的弟弟堤犹二说："父亲于大正时期在轻井泽开发的项目，其实就是堤清二在SAISON集团开发事业的原型。在别墅区建设超市和各种娱乐设施，就是在创建街区。"

出生于滋贺县农家的堤康次郎，从早稻田大学毕业后就凭借自身的能力，在政界和实业界迅速上位。随后，他就将目光瞄准在大正时代崛起的中产阶级,为他们提供全新的生活方式。

堤康次郎为中产阶级提供更丰富的生活选择的理念,和堤清二通过SAISON集团为"团块世代"提供"美味生活"的理念不谋而合。凭借充满魅力的文化和商品吸引消费者、将总部设在西武线终点站的池袋、以大众作为主要的顾客群体……在SAISON集团的许多方面都能看到堤康次郎事业的影子。

也就是说,SAISON集团的事业中有着堤康次郎的烙印。堤清二不愿继承父亲的事业,渴望凭借自己的能力创造全新的价值。即便如此,堤清二事业的起点其实就存在于堤康次郎一手开创的事业中,这是无法否认的事实。

竞争对手堤义明的西武集团崩溃

由与堤清二互为竞争关系的同父异母的弟弟堤义明领导,同样有着堤康次郎的烙印的西武集团突然崩溃了。

2004年10月,堤义明被迫承认自己伪造西武铁路的《有价证券报告书》,同时宣布辞去国土计划公司会长以及西武铁路的全部职位。伪造的内容主要是西武铁路股东的持股比率,西武铁路的股份实际上由西武集团旗下的国土计划公司和王子酒店共同持有,但堤义明却隐瞒了国土计划公司持有西武铁路股份的事实。

虽然西武集团也因为泡沫经济崩溃而遭受了沉重的打击,但其拥有的资本规模要比SAISON集团庞大得多。

可是因为对突发事件处理不够妥善，堤义明的商业帝国也轰然倒塌。

2004年12月，西武铁路的股票被迫退市。2005年3月，东京地检以违反《日本证券交易法》为由逮捕了堤义明。

在这场风波之中，堤清二采取的行动出乎许多人的意料。他以创业者家族成员的身份，提出自己拥有国土计划公司的股东权利，支持堤犹二等人提出的诉讼。

国土计划公司作为西武集团的核心企业，除了控股股东堤义明之外，集团的主要高层管理者和员工等都是联名股东。但堤犹二等人认为这些只不过是名义上的股份，国土计划公司本质上是堤康次郎留下来的遗产。因此，堤犹二和堤清二认为自己也是国土计划公司的股东。

西武集团的新任社长后藤高志及新的高层管理团队计划召开股东大会，对西武集团进行重组。

堤家族则提出诉讼要求阻止这一切。

守护"家族产业"的堤清二

后藤高志等人计划接受美国投资基金的巨额资金援助，成立西武控股，重组西武集团。

在堤家族看来，一旦这个计划得以实施，西武集团原所有者堤义明的影响力将被极大削弱，对堤康次郎一手创建的事业和资产先去掌控，创业精神也会消失……

但堤犹二等人的主张并没有得到法院的认可。堤犹二对此一直耿耿于怀，认为"存在巨大的疑问"。

西武控股宣布"根据日本最高法院的判决，原国土计划公司并没有所谓的名义股份，所有的股权都是真实有效的"。

在父亲遗留下来的事业之中，堤清二继承的是作为支流的百货商店。本就不属于正统继承人的堤清二，参与守护家族产业的诉讼，多少有点儿讽刺意味。

因为对父亲的叛逆心理而从堤家脱离出来的堤清二，到了晚年似乎已经原谅了父亲，并且希望能够回归家族。

堤犹二说："（堤清二）可能感觉自己没能守护好堤康次郎费尽心血建立起来的事业。"

西武百货、PARCO、无印良品……堤清二以零售业为基础，向世人传达了"SAISON文化"。他的理想是为消费者提供全新的生活方式，以及真正意义上的充实的生活。利用酒店和休闲娱乐等产业更进一步地传播这一文化的"生活综合产业"，就是堤清二的终极目标。

在消费理念逐渐成熟的20世纪70年代到80年代，堤清二的战略毫无疑问是正确的。

但酒店和休闲娱乐产业与不动产事业一样，需要长期且巨额的资金，这是长期从事零售业的SAISON集团不具备的。在正式进军这些事业的时候，堤清二其实就走进了死胡同。

其中必然有对父亲的叛逆心理以及对同父异母的弟弟堤义明的竞争心理。正是围绕着"血缘关系"的这种固执的念头,决定了堤清二的命运。

自从20多岁时入职西武百货以来,堤清二就为了摆脱堤家族的束缚而不断地扩张事业。显然,他不希望成为继承家业的"二代经营者",而希望以创业者的身份得到社会认可。

但最终,堤清二还是踏足了堪称为堤家"家业"的不动产事业,以经营者的身份做出了错误的判断。

导致他做出错误判断的,究竟是多年以来执着于与堤义明竞争的心理,还是对堤康次郎的强烈感情呢?这是一个值得人们深思的问题。

第六章 连锁经营

在开创领先时代的新事业和创建全新的店铺方面，堤清二都发挥出了自己优秀的才能。

但另一方面，他对堪称零售业原则的"连锁经营"却一直保持着一定的距离。

通过大量开设标准化的店铺来降低成本的连锁经营，往往将企业的逻辑放在第一位，而容易忽视地区的消费文化和店铺的创意。堤清二对连锁经营的经营模式抱有这样的疑虑。

对于零售业和餐饮业来说，如果不开展连锁经营，经营业绩就难以大幅增长。经营超市的西友、经营餐饮的吉野家、经营便利店的全家……这些SAISON集团旗下的企业，都在日本范围内拥有大量店铺。

面对这样的现实，即便是堤清二，也无法对连锁经营完全否定。但从自身的理想主义出发，他又无法接受效率优先的店铺运营方式。结果，这对连锁经营的事业发展造成了许多阻碍。

正因为堤清二是对理念极为重视的经营者，所以在面对现实时才会存在诸多矛盾。在堤清二面对的课题之中，有许多能够给现代的经营者带来宝贵的启示。因为在消费理念日渐成熟、互联网销售越发兴盛的当今时代，连锁经营的发展方式已经逐渐接近极限了。

第一节 收购吉野家的慧眼与矛盾

"高层管理者们都低着头一言不发,大家心里其实是反对的。因为西武百货的形象好不容易刚刚有所好转,堤清二却说要为牛肉饭连锁店吉野家提供援助。"

1980年,吉野家申请适用《日本会社更生法》。回忆起SAISON集团开会讨论是否对吉野家提供援助时的景象,当时在SAISON集团董事会事务局工作的林野宏说。

吉野家内部也有很多人认为SAISON集团的企业文化与自身并不相符。

对大荣的亲近感

后来担任吉野家社长长达20多年的安部修仁,在吉野家出现经营危机时刚刚30岁。他最初是为了开展乐队活动才来到东京的,在吉野家打工的时候被录用为正式员工,后来又作为后备干部成为年轻员工的领导者。

安部修仁回忆，与SAISON集团相比，当时吉野家内部对之前一直为吉野家提供援助的大荣更有亲近感。他说："吉野家就像是一个精力过剩的淘气鬼。当时，大荣的中内功和我们的社长松田瑞穗有许多相似之处。两家企业在形象上也比较接近，都像是杂牌军，一路上披荆斩棘、勇往直前，员工们都对此感到骄傲和自豪。因此，在吉野家内部，从上到下都对接受大荣的援助举双手赞成……用比较极端的说法来进行比较的话，SAISON集团就属于正规军，毕竟人家是'文化的SAISON集团'。我们是没文化的吉野家。"

但大荣的援助被既是吉野家的特许加盟商，也是其大股东的某不动产公司给否决了。结果，吉野家只能申请适用《日本会社更生法》。担任保全管理人的律师增冈章三向堤清二提出了援助申请。增冈章三与堤清二是旧制成城高中和东京大学的校友。

堤清二在《我的记忆、我的记录》写道："大家都反对（SAISON集团援助吉野家），就连家里人都孤立我，说'（吉野家）不符合SAISON集团的形象，SAISON集团有PARCO和那么多高端品牌，为什么还要搞牛肉饭连锁店'……我老婆甚至说'感觉很丢人'。不过，他们越反对，我越要做。这就是我的性格。"

事实上，堤清二的妻子并没有说过"感觉丢人"之类的话，但堤清二决定为吉野家提供援助这件事，确实让周围的人都感觉很不合适。

另一方面，吉野家的员工们坚持独立自主发展，甚至计划发动罢工来反对SAISON集团的全面援助。

不过，吉野家的重组计划还是在1983年得到了认可，堤清二成为吉野家的"管财人"。

有了SAISON集团做背书的吉野家以惊人的速度进行重组，并于1987年完成了重组手续。吉野家成为SAISON集团旗下为数不多取得高收益的"优质企业"之一。

在庆祝企业重组成功的活动上，堤清二说："给吉野家提供援助，是我力排众议做出的决定。因此，大家在遇到SAISON集团的人时，完全不必有自卑感。"

用吉野家破坏"SAISON文化"

SAISON集团对吉野家的援助，从并购的角度来说绝对是成功的。但对于重视经营理念的堤清二来说，收购吉野家一定存在着某种理由。其中的真正意义究竟是什么呢？

安部修仁曾经后悔地说："这么重要的事情，我却没有在堤清二去世前问过他。"无论如何，其中应该存在堤清二独特的自我否定的思考。

"SAISON集团的人全都在潜移默化之中'堤清二化'，变得像文化人一样，堤清二大概想破坏这种状况。"安部修仁分析道。

堤清二自己也说，"收购吉野家的时候是SAISON文化的鼎盛时期"。

虽然在外人看来，SAISON集团非常优秀，但其组织内部仍然存在许多不容忽视的问题。比如SAISON集团原本作为新兴企业，拥有非常宝贵的创业精神，但这种企业文化却并没能保持多久便消失了。

堤清二曾在与长银经济研究所社长铃木令彦对谈时说："如今我最担心的，就是企业内部出现一种奇怪的权威意识……为了破坏这种意识，我投入了大量的精力……在西武百货被称为乡村百货的时候，每个人都有拼搏精神，但现在的零售部门的员工已经没有这种精神了。他们觉得是西武百货创造了时尚，变得骄傲自大起来。"

堤清二不希望来SAISON集团应聘的人员都是为了追求稳定的工作和安逸的环境。

无印良品是为了否定欧洲的高端品牌而诞生的，对于堤清二来说，这是一种为了进化而自我否定的行为。

从这个意义上来说，吉野家或许是对越发趋于保守的SAISON集团的企业文化的一种否定。

将吉野家这个从平民牛肉饭快餐店发展成为大型连锁餐饮企业的"另类"纳入集团之中，或许能够使SAISON集团再次发扬出艰苦奋斗的精神。如果堤清二有这样的想法，没什么好奇怪的。

从吉野家身上学习连锁经营

在重组吉野家的过程中，SAISON集团也获得了关于连锁经营的宝贵经验。

连锁经营是指通过将店铺设计、商品构成、员工业务手册等标准化，提高所有店铺的经营效率。连锁经营理念诞生于美国，企业可以通过连锁经营降低成本、提高利润。

在堤清二成为吉野家的"管财人"之前，SAISON集团旗下就已经拥有以餐饮为主营业务的企业西武餐厅了。

西武餐厅运营着家庭餐厅、居酒屋以及意大利料理店等多品类的餐厅，但其核心品类家庭餐厅与行业内的大型企业Skylark（云雀）和Royal（皇家）相比存在着非常大的差距。

1970年以后，Skylark和日本麦当劳等餐饮企业取得了飞速发展，原因是采用了连锁经营的方式，对店铺、菜单、工作方法等都进行了标准化。西武餐厅被远远地甩在了后面。

西武餐厅起源于西武百货的大众食堂，最初被看作是西武百货的附属事业，没有明确的开设店铺的计划，根据具体情况随机增加新的品类。再加上西武餐厅的企业文化类似家族式餐饮店、拥有工匠精神的厨师执着于料理的制作工艺，这些问题使得西武餐厅难以提高效率。

和田繁明在就任西武餐厅社长后立即推出了一系列的改革措施。他改变了过去的做法，全面引入连锁经营制度。从吉野家那里学来的连锁经营经验，全都被活用到SAISON集团的餐饮部门之中。20世纪80年代后期，SAISON集团在餐饮行业的知名度得到了极大提升。

与唐恩都乐合并

1988年，已经成功重组的吉野家与西武餐厅的母公司合并。西武餐厅的母公司虽然运营了唐恩都乐，但完全无法与美仕唐纳滋抗衡。唐恩都乐是美国大型甜甜圈连锁店，SAISON集团拥有其在日本的经营权。但因为在连锁经营上推进得不够彻底，所以导致其经营状况一直不理想。于是，SAISON集团打算利用吉野家的经验来解决这一课题。

合并后，在吉野家身经百战的安部修仁被任命为甜甜圈部门的负责人。据安部修仁回忆，当时甜甜圈连锁经营情况十分混乱，很多店铺一直陈列着滞销商品，而卖断货的商品迟迟得不到补充。

于是安部修仁提出了改革方案：要求店铺员工严格遵守在保质时间内撤换商品的规定；调查各时间段的销售数据，根据时间段来合理地安排商品的生产计划。这样就可以使店铺运营变得井然有序。虽然这样做在短期内可能会因为成本增加而出现亏损，但通过时刻为顾客提供新鲜美味的甜甜圈，店铺的竞争力得到了根本性提升。

安部修仁将基于连锁经营理念的改革方案汇报给堤清二的时

候,堤清二提出了这样的疑问:"我们必须考虑到这两家企业在文化上的差异。有时候,正确的选择也不一定能顺利地取得结果。"

这正是堤清二的独特之处,他承认吉野家连锁经营的有效性,但也指出其并非万能的灵药。

据安部修仁回忆,当时堤清二在日常的工作中几乎与餐饮事业的经营工作没有任何接触。虽然他坚持对吉野家提供援助,但堤清二认为餐饮事业距离SAISON集团的核心事业相去甚远。

曾经在西武百货之中身居要职的和田繁明,在被任命为西武餐厅社长的时候对身边的人说自己"被降职了"。

但正因为餐饮事业属于SAISON集团的非核心事业,所以在经营上几乎不会被堤清二干涉。因此,和田繁明在餐饮事业这个新天地之中通过连锁经营使西武餐厅和吉野家的事业取得了巨大的进步。

对"零售革命"持疑问态度的堤清二

堤清二为什么要和连锁经营保持一定的距离呢?其中存在着堤清二独特的理念。

堤清二在1979年出版过一本名为《变革的透视图》的经济类书籍。这本书是以堤清二在东京大学的讲义为基础整理而成的,但出版的目的是对大荣的创始人中内功提出的"零售革命"提出异议。

零售革命是指应该由零售业而非生产企业来把握供应链的主导

权和价格决定权的理论。从20世纪60年代开始，该理论有许多的追随者。

与之相对的，堤清二认为"零售业属于边缘产业"。这里所说的"边缘"是指"资本逻辑"与"人类逻辑"的边缘。零售业存在于资本与人类的交接点上，不能一味追求规模扩张和利润，而应该在理解人类本质的基础上展开事业。

根据堤清二的理论，中内功等人提出的零售革命，实际上是倒向资本逻辑那一边的。

为了实现"零售革命"，零售业的规模必须变得更加庞大，进一步加大连锁经营率。这种大量销售必将以大量消费统一规格的商品和服务为前提，因此无法让消费者过上真正充实和富裕的生活。

举一个简单的例子，如何应对"区域化差异"就是"零售革命"首先要面对的问题。堤清二在接受《日经流通新闻》采访时（1980年1月4日）说："我在开设店铺之前，会要求负责人仔细地调查当地的历史，了解曾经有哪些人居住在那里、当地有什么特产等各方面的信息。我们绝对不能在对当地没有充分了解的情况下仅凭资本的力量胡来。就算是经济动物，也没必要在日本国内这样做。"

"经济动物"在当时是国际社会对日本人的一种讽刺性的称呼。通过飞速的发展而成为经济大国之后，日本企业因为只追求经济利益而在全世界范围内展开活动时存在没有充分考虑当地社会文化的情况，因此遭到了批判。

在物资匮乏的年代，零售行业需要高效率地将必要的物资供应给消费者。堤清二的理念打破了这一传统的思维框架，提出了全新的零售行业的构想。在堤清二的影响下，零售行业确实发生了巨大变化，这也是我们有目共睹的。

但另一方面，堤清二也有对资本逻辑贯彻不足的弱点。在第二次世界大战结束后不久，当时还是青年的堤清二带着理想参加了学生运动，这种情怀直到晚年仍然留存在他的心中。但这对于实业家来说，必然存在着巨大的负面作用，具体的事例不胜枚举。最直接地反映出堤清二的理想与现实之间矛盾的，当数在SAISON集团中处于核心地位的大型超市西友。

第二节 西友："质贩店"的忧郁

日本的零售行业曾经有"西大荣、东西友"的说法。这两家企业都是以销售食品、服装、生活用品为主的综合超市，也几乎在同一时期在日本各地进行扩张。但两者的经营理念存在着巨大的差异。

大荣一直坚持连锁经营的经营方法。西友则与连锁经营保持着一定的距离。这也使得西友拥有一种与以廉价为卖点的大荣完全不同的独特魅力。但经营上的诸多复杂要素，也给西友增添了许多的烦恼。

堤清二提出的"质贩店"的意义

20世纪60年代,西友依据零售管理顾问渥美俊一等人提出的连锁店理论,积极地增加店铺数量。一直到20世纪70年代,西友都认可连锁经营的优势,并没有完全将其抛弃。

但从这个时期开始,堤清二对效率优先思想的批判就逐渐反映在西友的事业之中。最具代表性的就是堤清二提出的"质贩店"的概念。"量贩店"这个词很容易让人联想到"连锁经营""大量销售""廉价销售",也可以说是以大荣为代表的综合超市的代名词。堤清二则提出了"质贩店"的概念与之进行对抗。西友转型为"质贩店"是从1981年开业的西友小手指店(埼玉县所泽市)开始的。在西友小手指店的女装卖场中,有专门的售货员,重新提供面对面的销售服务。在采购方面,西友小手指店也放弃了总部集中采购的方法,允许店铺根据自身情况进行采购。

"商品断货也没关系"

20世纪80年代,西友连续开设的大型店都继承并发扬了小手指店的理念,将经营的重点放在为消费者提供全新的生活方式上。

也是在这一时期,西武百货打算将"SAISON文化"具体化地落实到综合超市这一业态上。1984年在东京都开业的西友大森店就是最典型的代表。这家店的关键词是"消费者的信息中枢"。西友大森店除了销售商品之外,还在店内设有电影院与餐饮设施,完全是一个都市型的购物中心。

西友提出"质贩店"理念的20世纪80年代,也正是其推出自有品牌"无印良品"的时期。

因为无印良品的商品热卖,西友又于1981年推出了新的自有品牌"故乡名品"。西友的采购人员前往日本各地寻找当地的特产,在不同的季节向消费者提供应季的商品。

当时负责西友商品企划的是深受堤清二思想影响的渡边纪征。渡边纪征表示,故乡名品也是堤清二"反连锁经营"思想的表现。他说:"从腌乌贼到黑糖,西友推出了许多日本的地方特产。因为这些都是从日本各地的渔民和农户手中采购来的限定商品,所以很快就卖光了。从连锁经营和量贩店的角度来看,商品断货是绝对不行的,但堤清二说'卖断货也没关系,毕竟这是反量贩店的商品'。只要对顾客解释清楚为什么会断货就可以了。"

堤清二认为故乡名品和无印良品一样,都是"反体制商品"。

"反量贩店"就是"反体制",从这个意义上来说,堤清二的连锁经营理念,就是对重视效率的企业经营思想提出异议。

用自己的大脑进行思考和判断

关于堤清二提出的"质贩店"的构想,还有一件事给渡边纪征留下了深刻的印象。

1987年，西友的大型店宝冢西武在兵库县宝冢市开业。在这一时期，西友将拥有时尚等百货商店要素的大型店都冠以"西武"的名字。渡边纪征回忆起当时讨论卖场结构时的情景，说："我提议是否应该引进一些海外的知名品牌，堤清二苦笑着对我说'质贩店并不是只要引进名牌商品，销售高价商品就行了'。其实，我完全理解他的意思……"

"用自己的大脑进行思考和判断，这就是质贩店。"堤清二这样说道。

但运营一个庞大的组织并没有想象中的那么简单。对于西友来说，由于堤清二提出的"质贩店"的理念过于抽象，甚至给经营工作带来了困难。渡边纪征说："想让这个组织从上到下的所有员工都能准确地理解'质贩店'的概念非常困难。只是因为高层管理者提出了质贩店的概念，所以中层管理者、基层管理者、普通员工就都跟着说质贩店，但每个人对质贩店的理解都是不一样的，这样是不行的……我只能反复地给员工们解释质贩店的概念。比如收银员要热情地跟顾客打招呼，还要尽快完成收银工作，这就是质贩店。如果不将质贩店的概念翻译成这样直观的内容就无法让员工们理解。这确实是一项非常困难的工作。"

渡边纪征补充说："西友在向质贩店转型时开设了许多大型店，这也是后来导致其失败的原因之一。"在建筑物的外观和内部装修上花费大量资金，比量贩店雇用更多员工，这样的店铺自然难以赚取利润。

尤其是加入百货商店的要素之后，许多冠以"西武"之名的店铺开始大规模销售名牌服装。这些商品的利润率很低，导致越来越多店铺难以盈利。

西友不但诞生出了无印良品，还在店铺内开设电影院等娱乐设施，积极地增加文化要素。这一举措使西友一直到20世纪80年代都大放异彩，表现出了与其他综合超市完全不同的差异化特征。但由于收益不佳，因此在20世纪90年代之后，西友就被永旺等新兴零售企业赶超了。

只有堤清二倾注了大量心血的企业才会这样光影交织，就像一枚硬币拥有正反两面。或许，这就是西友的宿命。

第三节 全家：意外的收获

诞生于SAISON集团的全家，是一家在日本拥有超过16 000家店铺的大型连锁便利店，规模仅次于7-11日本，在日本排名第二。

堤清二主张与资本逻辑保持一定距离的经营哲学，对全家的事业发展造成了巨大的影响。

在伊藤洋华堂开创7-11之前的1973年，西友就已经在埼玉县开设了自己的便利店实验一号店。当时担任西友企划室长、后来就任会长的高丘季昭在1971年赴美考察时对当地的便利店进行了仔细研究，认为这种业态在日本有很大的发展空间，于是决定开展便利店事业。

不同于和7-11的美国总部合作发展便利店事业的伊藤洋华堂，西友进军便利店事业完全凭借自己的力量。但7-11日本后来居上，将全家远远地甩在了后面。

"我们不能摧毁小微企业，所以不做便利店。"1976年，堤清二说过这样一番话。经营者的消极态度，毫无疑问会给全家的经营工作造成影响。

后来，全家开始在日本范围内招募独立的店主加盟。全家并不是要摧毁小微商店，而是通过特许加盟的方式与小微商店共同发展。在这一方针的指导下，全家终于正式推行了多店铺连锁经营的战略。

正如其名字"全家"一样，所有的加盟商都是家族的一员。

对加盟店主"有利"的合同内容

全家的特许加盟方式和共同发展的理念与7-11等日本连锁便利店一样，并没有什么特别之处。不过，全家将共同发展的理念非常清楚地落实在具体的事业中，比如在合同上写明加盟店主可以获得大部分利润。

一般来说，便利店事业采取的都是标准化的连锁经营方式，但全家的店铺却拥有极高的自由度。全家甚至曾经允许加盟店主继续使用加盟前的店名。总部没有提供的商品，加盟店也可以自己进货，自由销售。

某位在20世纪80年代加盟全家，现在仍然继续从事便利店事业的店主说："我的家族原来是卖酒的，后来打算转型做便利店。当时，我对7-11、罗森和全家进行了比较，最终选择了全家。我选择全家出于两个原因：一个是我觉得和全家总部的人很合得来，他们愿意和我一起成长；另一个是在开设店铺的位置上，全家几乎没有什么限制，自由度很高。"这位店主后来相继开设了许多店铺，成为一名连锁便利店的经营者。也就是说，他从一名"店主"变成了"企业经营者"。

"全家总部对加盟店的店主开设多家店铺的做法非常赞同，还会提供相应的支持。"这位店主补充道。

任由加盟店主自由发挥的自由度极高的特许加盟模式，正是全家的特色。但另一方面，这种"宽松"的管理方式也使全家与坚持严格管理的7-11拉开了巨大的差距。毕竟像7-11那样所有的店铺都能保证一定水准的连锁便利店更能让消费者感到安心。

全家的弱点就在于过高的自由度与过低的控制力。后来，堤清二也意识到自己低估了小型店铺的潜力，他在晚年曾说过这样的话："关于便利店的发展战略，毫无疑问我的判断是错误的。坦白地说，这是我的局限性导致的。"

在7-11的引领下，便利店这一业态如今已经完全扎根于日本社会，融入大众的生活之中了。

虽然与堤清二的理念存在矛盾，但全家仍然借着时代的发展趋势实现了增长。20世纪90年代后半段，全家的店铺数量超过了5 000家。泡沫经济崩溃后，SAISON集团背负着巨额的债务，而全家成了卖掉之后就能获得巨额资金的"优良企业"。对于低估便利店事业的堤清二来说，这颇具讽刺意味。

"家族式"连锁经营的弊端

1998年，西友将持有的全家股份卖给伊藤忠商事，全家从SAISON集团中脱离出来。伊藤忠商事对全家的高层管理团队进行了大换血，希望借此提高竞争力，但一直无法拉近与7-11之间的差距。最令全家高层管理团队苦恼的问题就是SAISON集团遗留下来的家族式连锁经营的企业文化。

从2002年开始长期担任全家社长的上田准二指出，全家的弱点就在于缺乏执行力。比如便当和饭团的断货问题，7-11和全家的总部都要求加盟店"为了避免商品断货，要积极地下订单"，但全家总部的要求得不到严格执行，加盟店害怕卖不完造成浪费，下订单的数量非常保守，结果导致货架上总是出现断货的情况。

与不管消费者什么时候去货架上都有货的7-11相比，全家的问题一目了然。

企业文化是长年累月形成的，自然无法在一朝一夕就发生改变。

上田准二一直在为创建一个拥有强大控制力的连锁企业而努力。但前文提到的加盟店主却表示，本质的企业文化是无法改变的，他说："全家'宽松'的企业制度没有发生任何变化，西友的历史背景对全家的影响实在是过于深远。创造7-11的是严格遵守规则的伊藤洋华堂。可以说，现在这几个大型便利店连锁企业都继承了各自母公司的企业文化……不过，用这样的方式，确实很难管理好日本各地的16 000多家连锁店，这多少会让人有些不安。"虽然这位加盟店主很喜欢全家的企业文化，但想到未来的发展时也不由得苦笑起来。

2016年，全家与开展综合超市等事业的UNY集团合并，吸收了该集团旗下的连锁便利店，店铺数量一下子增加了很多，如何提高自身的控制力成为全家亟待解决的课题。

预见了网络社会的堤清二

如今，便利店所处的经营环境已经发生了巨大改变。在过度竞争、人工成本上升等诸多问题的影响下，加盟店和总部都陷入了利润大幅降低的困境。

旗下拥有7-11的Seven&i控股的相关人士表示，"如果要求增加加盟店利润的《日本特许加盟法》正式实施，我们的经营情况就会变得非常困难"。当特许加盟店的困境引起世人的关注时，相关的法规也充满了现实的意义。

从本质上来说，加盟店只是挂着连锁店招牌的小微商店，这一点一直都没有改变。

从这个角度考虑的话，堤清二在40年前提出的与小微商店共同发展这个让人感觉有些幼稚的理念，或许是对未来课题的一种启示。

堤清二似乎也预见到了现代互联网销售全盛时代的弊端，他说："整个社会的管理化趋势将越来越强。随着'新媒体'不断发展，消费者足不出户就能买到需要的商品，不过那些知名品牌的商品可以在家直接购买，而其他的商品则需要看到实物才能决定是否购买。这样发展下去，就会使消费生活也管理化。"这里所说的"新媒体"，是20世纪80年代提出的概念，指的是除了报纸、广播、电视等当时的主流媒体之外使用新技术的媒体。

虽然堤清二的这番话比较抽象，但过了大约10年之后，亚马逊于20世纪90年代在美国出现了。

如今，电子商务已经从根本上改变了人们的消费生活。亚马逊等IT企业对"消费生活的管理化"并不是只存在于想象当中，而是已经对消费者构成了实质性的威胁。

2018年3月，日本公平交易委员会以违反《日本禁止垄断法》为由对亚马逊日本进行检查。亚马逊对生产企业的影响力越来越大，世界各国政府都对此提高了警惕。

堤清二对日本未来的担忧

堤清二预见到了信息技术的飞速发展以及管理化的消费社会。但互联网社会崛起，不只是改变消费方式这么简单。

2018年春，社交网络领域的大型企业脸书发生了用户信息泄露事件。亚马逊等IT企业通过家用AI终端收集个人信息并进行管理的做法，今后或许也会成为社会问题。

个人被企业的网络包围，从而失去精神上的自由。这不由得让人联想到乔治·奥威尔在《1984》中描写的极权主义国家。

堤清二的思想或许会给我们避免这样的未来提供一些启示。我最后一次与堤清二见面是在2011年的春天，当时东日本大地震刚发生不久。提及日本的将来，堤清二说："今后最令人担心的，是企业并购和垄断现象越发严重，使产业界失去多样性，并使经济失去活力。"

在此之后，自由民主党的安倍晋三担任日本首相，并试图通过"安倍经济学"推动日本经济发展，干预企业经营工作的政策越来越多，比如通过经济团体对企业提出"增加薪资"的要求，企业的薪酬标准应该由企业的劳资双方通过协商确定，政府不应该过多干预。安倍内阁提出"劳动方法改革"的口号、给产业界决定发展的方向更是无稽之谈。

LoFt原社长安森健表示，如果堤清二还在世的话，一定会对这种情况提出强烈的反对意见。安森健说："工资和劳动方法的问题应该根据企业的经营情况进行思考。如果连这些问题也要由政府决定的话，那么堤清二一定会坚决反对。"

既不反美，也不亲美

在对日本零售产业的发展进行分析时，我们就不能不提到连锁经营。连锁经营的理论起源于美国。在日本被经营管理顾问渥美俊一发扬光大，并成为"零售革命"的理论支柱。

渥美俊一与堤清二年纪相仿，他自东京大学毕业后，进入读卖新闻社成为一名记者。他在1962年成立了专门对连锁店进行研究的"派格萨斯俱乐部"，伊藤洋华堂的创始人伊藤雅俊就深受其影响。渥美俊一经常以经营管理顾问的身份带着企业高层管理者去美国考察，并且将美国先进的连锁经营理论引入日本。

堤清二在晚年与渥美俊一交往密切，也承认渥美俊一提出的连锁经营理论确实有效。但他认为不能将在美国有效的方法原封不动地照搬，直接应用于在自己公司的经营工作中。他说："虽然连锁经营理论在'零售革命'中占据着非常重要的地位，但毕竟这是从美国引进的理论，这个理论是在美国诞生的。"

堤清二的父亲堤康次郎和大多数经历过第二次世界大战的保守派政治家一样，都在日本战败后转变为亲美的态度。堤康次郎为了发展与美国的友好关系在洛杉矶开设了西武百货的分店，结果以失败告终。堤清二作为这一事件的"受害者"，对堤康次郎亲美的态度肯定是否定的。但作为企业经营者，堤清二积极地学习美国的先进之处。

西武百货在洛杉矶开设分店时，堤清二也在美国当地生活了很长一段时间，他不但吸收了很多美国零售业的经验，还与当时美国的大型零售企业西尔斯展开合作，学习对方开发自有品牌商品的方法。

或许正是因为他充分地了解美国零售业的实际情况，所以才没有将连锁经营理论奉为圭臬。堤清二说："我看美国的零售业企业都是根据店铺所在地居民的消费习惯销售相应的商品。这种应变的方法才是连锁经营的精髓。"

连锁经营的局限性

堤清二对日本零售业脱离美国零售业的本质而只模仿皮毛的现象提出了警告。不过，他只是对过度"神化"连锁经营理论的做法表示怀疑，并没有明确提出自己的理念。

西友提出的"质贩店"的概念也没能得到贯彻，抽象的口号反而给西友的经营工作增添了许多阻碍。

堤清二非常重视独特的创意，却对创建能够持续盈利的机制漠不关心。毕竟按照他的性格，他是不会去追求以标准化的作业流程为标准的经营方式的。

但堤清二对"去连锁经营"的执着态度也并非毫无意义。如今包括伊藤洋华堂在内的诸多连锁店运营企业都开始重新审视和思考连锁经营的方式。随着电子商务不断发展,对于零售行业来说,拥有大量实体店不再是一项优势。一直以来满足于在标准化的店铺之中购物的消费者,也逐渐对连锁店敬而远之。

2018年夏天,沃尔玛计划出售其所拥有的西友的大部分股份。虽然沃尔玛方面否认了这一消息,但据相关人士透露,沃尔玛已经与日本国内的许多大型零售企业磋商交易的事宜。

沃尔玛于2002年收购西友,在日本经营了16年都没能成功地开拓日本市场。其中的主要原因之一是美国式的连锁经营方式存在一定的局限性。沃尔玛在收购西友之后,通过裁员大幅地降低了运营成本,并且将自己的理念EDLP(Everyday Low Price,天天低价)移植了过来。虽然西友通过低价策略赢得了一些消费者的青睐,但并没能取得沃尔玛期待的收益。

"不应该由总部对300多家西友的店铺进行统一管理,如果能够赋予店长等现场员工更多权限,西友应该能够取得更好的业绩。"一位曾为SAISON集团高层管理者的人这样评价道。

在少子化和高龄化问题越发严重、收入差距不断扩大的日本社会,消费者的需求开始变得更加复杂和多样,因此标准化的连锁经营已经很难满足消费者的需求了。

近年来,日本的零售连锁店越来越重视个性化经营,根据店铺的地理位置选择合适的商品，尽可能满足顾客个性化的需求。

标准化的店铺对顾客提供的服务也是标准化的。这样的服务，换一种说法就是"服务不周"。在这些被忽视掉的个性化的需求中，往往隐藏着顾客的本质需求。

现如今，即便将堤清二曾经提出的"质贩店"的理念原封不动地导入店铺的经营工作之中，恐怕也不会起到什么效果。但堤清二敢于对当时行业内的权威之声说不的思考方式，或许能够给我们带来一些启示。

现代的零售业相关人士，有必要对坚持与连锁经营理论保持一定距离的堤清二的理念重新进行解读。

第七章
真实的堤清二

在走过的86年人生中，堤清二究竟都有过哪些梦想呢？他又遭遇了哪些挫折呢？在最后一章，我将通过堤清二和其他相关者的话试着还原堤清二其人最真实的形象。

像堤清二这样毁誉参半、褒贬不一的企业经营者，可以说是世所罕见的。20世纪60年代，他是年轻有为的"诗人经营者"，备受世人关注。在鼎盛的20世纪70年代到80年代，他是"SAISON文化"的领头人，是能够代表那个时代的经营者之一。但另一方面，堤清二复杂的家庭关系，与父亲和同父异母的弟弟之间的矛盾，也常常被世人提起。20世纪90年代泡沫经济崩溃之后，过度扩张的SAISON集团因为不堪重负而解体，堤清二作为经营者遭到了舆论的猛烈批判。

关于堤清二的形象，世人看法不一，没有定论。这也恰恰反映了堤清二的多面性。本章的内容也只不过是对堤清二的一种解读而已。

但即便如此，回顾他奋斗的轨迹，在众多的证言之中还原堤清二的形象，也一定能够给生活在当下的我们提供许多宝贵的启示。

第一节 "富家子弟"的大众视角

《对经济同友会的担忧》

1975年，堤清二在《季刊 中央公论经营问题》（春季号）上，以《对经济同友会的担忧》为题发表了一篇文章。

当时，堤清二40多岁，正处于在经营上干劲十足的时期，身为成功经营者的他自然也备受关注。堤清二在经济界的活动，主要以经济同友会为中心。在日本经济界的四大团体[①]之中，经济同友会的利益色彩相对较少，更像是拥有相同理念的经营者的集合体，堤清二也非常积极地在其中发表意见。但堤清二在这篇文章中对经济同友会进行了批判。

1973年，石油危机爆发，日本自第二次世界大战后一直持续的

[①] 日本经济界的四大团体是指日本经济团体联合会、日本商工会议所、日本经营者团体联盟和经济同友会。——译者注

高速经济增长宣告终结，因为经济飞速发展导致的诸多问题也在日本各地显露出来。堤清二认为，日本的企业经营者和经济界脱离大众社会越来越远，这已经成为非常严峻的问题。

堤清二对经济同友会等经济团体提出批判，认为经济团体"在应该承担的责任上言行不一、对重要的问题敷衍了事、完全体会不到大众社会的实际情况，这些都是导致社会对经济界失去信任的原因"。他还提出，"经济团体必须'去经济界化'"，以及"应该起草《企业社会化提案》"。

如今，企业的社会意义再次得到世人的广泛关注。由此可见，堤清二提出的"企业社会化"具有极强的先见性。不过，堤清二竟然对自己的同伴进行如此猛烈的批判，这种耿直的性格也属实让人惊叹。

以美术总监的身份与包括无印良品在内的SAISON集团的诸多事业进行过合作的小池一子在对堤清二进行评价时说："堤清二似乎感觉自己与这个世界格格不入。他作为经济界大企业的经营者，应该站在拥护现有体制的立场上，但他觉得这和自己的性格并不相符。他曾经说'感觉就好像别人都穿着长裤，而只有自己穿着短裤'……虽然堤清二在经济同友会中也有几个聊得来的人，但他仍然不喜欢那里的氛围。堤清二一直以作家辻井乔的身份创作小说和诗歌，其实他本人一直都想成为创造者。否则的话，他就不会有'格格不入'的感觉了。因为他明明已经是一位非常成功的经营者了，但他好像对此并不满意。"

但正是这种"格格不入"的感觉,给他的文学创作和经营事业提供了源源不断的灵感。

这种矛盾塑造了堤清二怎样的性格呢?

后天养成的关注大众的目光

对身为大资本家、大政治家的父亲堤康次郎的叛逆心理,以及复杂的家庭环境,毫无疑问都对堤清二的性格造成了巨大影响。在18岁时,他经历了日本战败,这一定也有很大的影响。

关于这一点,小池一子说:"他在青年时期正好赶上日本的复兴时期,可以说是伴随日本走向繁荣的一代,因此他认为自己与时代之间存在着非常密切的关系。在亲身经历过战败之后,堤清二非常强烈地认同社会主义思想,并且希望将其导入现实社会之中。否则的话,他不可能产生通过商品来反体制的想法。"

正如在第二章中糸井重里所说的那样,堤清二在本质上还是一个"富家子弟"。因此,他对下属的态度,或者说他那种贴近大众的行为,完全是经过后天努力培养出来的。

虽然是后天养成的,但这并不是他伪装出来的,而是他贯彻一生的行动原则。

堤清二的二儿子堤孝雄说:"我记得父亲只对我发过一次火,那是在我上小学的时候。有一天,父亲的司机来我们家,我说'司机一点儿也不好'。父亲因此训斥了我,但他随后跟我说了很多道理,他问了很多问题,比如'为什么你觉得司机不好''你和司机有什么不同''你在什么地方比司机更强'等。他还说'只有最差劲的人才会有这种想法'……父亲是典型的社会主义者,因此我经常听到他说'最差劲的人'。如果让他觉得你很差劲,那就一定会训斥你。"

人类应该是劳动的主人

或许是对军国主义的反抗,或者对父亲堤康次郎的叛逆心理,堤清二对外强中干的权威主义非常厌恶。

堤孝雄说:"在组织中,很容易出现权威主义的情况,SAISON集团的权威主义倾向也越来越强,这完全违背了父亲的意愿。很多SAISON集团的管理者对堤清二毕恭毕敬,对部下的态度却非常傲慢。虽然父亲对此非常不满,却也没有什么太好的办法。"

从这一点来说,第二章中提到的西武百货的"销售专员制度"就具有更加重要的意义了。"不论年龄或职位,将权限全权委托给对商品最熟悉的员工",堤清二显然是希望通过这种制度,打破西武百货以男性为中心的层级秩序。

堤清二在1975年的SAISON集团的内部大会上针对引入销售专员制度的意义进行说明,他强调:"在工作现场,必须以人类为中心。人类应该是劳动的主人。"

为了强调这一点,他还特意提到了沃尔沃和菲亚特的生产线。这两者被看作是欧洲对20世纪初期美国诞生的"福特生产方式"的反抗。福特生产方式是指利用传送带式的生产线，高效、大量生产标准化产品的生产方式。

虽然堤清二在发言中并没有专门提到福特，但他说："在生产企业中，甚至出现了工人成为传送带的附属物、生产线上的零件的现象。"他对沃尔沃和菲亚特的生产方式则做出了如下的评价："这些企业并不是将人类当作流水线作业的工具，而是通过调整生产形态，使其适应人类的工作方式，让生产线成为人类的工具。"

人类要有尊严地工作。正是出于将这种精神在零售业的现场具体化的理念，堤清二才提出了销售专员制度。因此，这一制度具有非常重要的意义。

但在当时，堤清二的理念并没有得到广泛的接受和认可。曾经担任西武百货的董事，后来担任LoFt社长的安森健在提到堤清二的理念时说："他的理念过于超前，这或许是一种悲剧。"

"工作现场以人类为中心"的思考方式，在劳动力成为稀缺资源的当代的日本，或许更容易被世人所接受。随着AI技术不断发展，"人类应该从事什么工作"这个问题再次被社会关注。

AI能够使人类变得更加幸福吗？

随着科学技术进步，劳动者是否会被取代？

人类是否可以将精力集中在只有人类才能完成的工作上？

在需要认真讨论上述问题的当今时代，堤清二的理念具有更加重要的意义。

决定这些问题结果的关键因素，正是经营者的理念。这或许就是堤清二想要传达给我们的信息。

在日本政府提出"劳动方法改革"的倡议后，很多企业不得不采取保护劳动者的措施。但堤清二理念的继承者却凭借自己的信念，采取了与其他企业完全不同的方法。

堤清二理念的继承者

CREDIT SAISON的前任社长林野宏就是堤清二的"得意门生"。CREDIT SAISON的前身是西武百货于1976年收购的大型月供百货商店绿屋。

在堤清二的决策下，绿屋转型为以信用卡业务为主的金融企业，并逐渐成长为SAISON集团的核心企业。这可以说是堤清二经手的并购项目中最有代表性的成功案例。

曾经在西武百货工作的林野宏，在绿屋转型之际就全程参与其中，可以说是CREDIT SAISON的灵魂人物。CREDIT SAISON则是SAISON集团的核心企业之中唯一一个直到现在仍然以独立企业的身份保持着"SAISON"品牌的企业。

林野宏以CREDIT SAISON经营者的身份亲眼见证了SAISON集团解体和堤清二失败的过程。即便如此，他仍然表示"要在经营中实现堤清二的理想"。

林野宏继承的理念之一就是"与将股东放在第一位的美国式企业经营理念保持一定的距离"。

2017年9月，CREDIT SAISON将除了兼职员工之外的所有员工都转为正式员工，这使大约2 200名员工的工资和福利待遇都得到了提高。尽管这导致人工成本上升，但林野宏还是选择这样做，因为他认为企业文化是企业"向社会传递信息的重要环节"。

"不能在没有明确想法的时候贸然地去做任何事"

除了林野宏之外，还有许多企业经营者承认自己受到堤清二的影响，安森健就是其中之一。

1989年，安森健担任西武百货有乐町店的店长，当时发生了这样一件事。在西武百货有乐町店之中，有一家销售人间国宝[①]宗广力三的绸缟织和絣织[②]作品的店铺，但后来宗广力三不幸去世。两周后，安森健接到堤清二打来的电话，问："那家销售宗广力二作品的店铺怎么样了？"安森健回答说："我觉得没什么问题，因为还有很多之前的库存，而且宗广力三的家人也继承了他的手艺。"但堤清二说："安森健，艺术是无法继承的。"

听到这句话，安森健恍然大悟。他说："我是从商人的角度出

---

① "人间国宝"是日本对重要的无形文化资产传承者的称呼，与中国的"非物质文化遗产传承人"类似。——译者注
② 绸缟织和絣织为染织结合的一种织物。——译者注

发,认为只要有库存就能维持销售,但堤清二的意思是'有的事情比金钱更加重要,要发现事物的本质'。"

安森健在担任LoFt社长的时候,每当遇到问题,总是会思考:堤清二在面对这个问题的时候会怎么想。

对于经营者来说最重要的是什么?经营的本质是什么?这种坚信有些东西比眼前的利益更加重要的理念,就是安森健从堤清二的身上学到的东西。

糸井重里成立了一家名为HOBONICHI(几乎每天)的公司,并担任经营者。他说:"我似乎一直在模仿堤清二,我在他身上学到的经验就是'不能在没有明确想法的时候贸然地去做任何事'。我对员工也提出了同样的要求。当今时代,大家都只以'得失'作为判断的标准,但我追求的是'与这家企业合作,能给我带来什么启发'。我与西武百货合作,就是基于这样的理念。"

要想赢得消费者和员工的支持,企业就必须拥有竞争对手无法模仿的绝对价值。

在当今这个无法预知未来的充满不确定因素的世界之中,经营者更需要有独特的思想和个性。不能一味地模仿其他企业的经营理念,更不能被外部环境左右,经营者必须用自己的头脑进行思考,通过自问自答找出通往未来的答案。

糸井重里说:"我是一个非常以自我为中心的人,根本不会听别人的意见,即便是顾客的意见我也不听。我是如此,我觉得堤清二也是如此。为了讨好顾客而对顾客的要求言听计从是不行的。要想取得发展、实现突破，不能依靠问卷调查和市场调研的结果，而要依靠自己思考。"

堤清二总是能走在时代的前面，拥有极强的先见性，他的这种才能似乎是与生俱来的。但通过受其影响的这些人提供的证言，我们或许可以看到堤清二的另一面。

不断努力的堤清二

林野宏于1965年入职西武百货。刚入职的时候，他对年轻有为，同时以诗人和作家的身份闻名于世的堤清二十分崇拜，认为堤清二简直是个天才。

但现在，林野宏则认为：堤清二是"一个非常努力的人"。

堤清二与经济界、政治界、文艺界等领域的人都保持着密切的交往。有时候，他一晚上甚至要进行三次会面，而到家之后还要按照约定完成文字创作工作。因此，他即便在与别人交谈时也总是拿着笔在写些什么。

即便他在文化领域确实有过人的天赋，但他也绝不是一个躺在丰厚的家产上悠闲享受的"富二代"。他总是自我鞭策，在经营和创作上从不懈怠。

虽然并不是正统的事业继承人，但堤清二总觉得对自己来说，"大资本家儿子"的身份是一种负担。

他的人格不可避免地受到复杂的家庭环境和拥有极强存在感的

父亲的影响。但他能够一直坚持努力，或许是拥有某种保持心理健康的秘诀。

第二节 无法避免成为"穿新衣的国王"

虽然最初是被动进入零售行业的，但堤清二仍然以此为阵地，一步一步地向理想中的"生活综合产业"迈进。他尝试通过事业找出"真正的幸福是什么"这个问题的答案。这个梦想也是促使他不断进军酒店、度假、金融等新事业的原动力。

但随着事业规模不断扩大，SAISON集团也像气球一样越来越鼓，最终因为背负巨额债务而崩溃。成功与失败或许就像硬币的两面一样是共存的。

如果堤清二没有坚持迅速扩张的经营战略，就不可能在这么短时间内建立起旗下拥有大约200家企业、年销售额超过4万亿日元的大型综合企业集团。

可以说SAISON集团在20世纪80年代取得的成功，完全是依靠堤清二独一无二的个性实现的。同样，导致SAISON集团在20世纪90年代后崩溃的最大原因也在于此。

从20世纪90年代开始，接连出现了许多导致SAISON集团走向衰落的事件。比如西武百货的员工向他人提供伪造的绘画鉴定书并参与绘画交易，结果事件败露遭到逮捕；1992年，西武百货被爆出医疗仪器的虚假交易事件，当事者也遭到逮捕。

尽管堤清二在1991年就宣布引退了，但他并没有完全放弃对SAISON集团的控制，他参与了SAISON集团的许多重要决策。

在宣布引退后仍然干预集团各企业的经营工作，这可能也是导致SAISON集团崩溃的原因之一。

当时，堤清二似乎很难准确地把握经营上的风险，因为负面的信息几乎无法传到他的耳朵里。担任西武百货常务董事的牧山圭男与堤清二有过非常近距离的接触，他说："堤清二很害怕失败，因此一直小心翼翼地观察周围，努力不让自己成为'穿新衣的国王'。但最终，他还是成了'穿新衣的国王'。"

拥有强大领导能力的企业经营者很容易掉入这个陷阱中。

另一位西武百货原来的高层管理者指出，西武百货之所以连续出现问题，主要是因为员工们存在恐惧心理。他说："这与当时的时代背景也有一些关系。在西武百货内部，存在着一种必须不断提高业绩的无形压力。所有人都害怕堤清二的权威，不敢说业绩下滑。因此，大家为了提高业绩而不择手段。"

正所谓"当局者迷，旁观者清"，组织外部的人反而更能够清楚地看出组织问题。有时候自己感觉完全正确的事情，在旁人看来往往存在着诸多问题。

将堤清二神化的组织

被SAISON集团收购的吉野家的高层管理者正是所谓的旁观者。吉野家的原社长安部修仁就亲身感受到，SAISON集团是一个将堤清二神化的组织。

在吉野家的门店需要进行装修和设计时，SAISON集团的关联企业纷纷上门进行推销。安部修仁说："很多人一上来就说他们跟堤清二关系如何密切，让我们无论如何都要把工作交给他们。"

也就是说，很多人在SAISON集团内部打着堤清二的名号招摇撞骗。每当遇到这样的情况，安部修仁都会巧妙地拒绝，他会说："太豪华和时尚的店铺设计与吉野家的风格不符。况且，仍然有很多加盟店对SAISON集团提供援助这件事情感到无法接受。如果我们突然改变之前的决定，堤清二可能会因此遭到非议。"

安部修仁经历过吉野家从破产到成功重组的整个过程，积累了丰富的经验。他还从律师增冈章三等"管财人"那里学到了很多企业重组的知识。1992年，42岁的安部修仁就任吉野家社长，他的心中一直有着让吉野家也重组一家破产企业的梦想。但当他好不容易等到一个机会的时候，却因为SAISON集团将堤清二神化而被拖了后腿。

1997年，大型寿司外卖连锁店京樽因为负债超过1 000亿日元而申请适用《日本企业更生法》。哪家企业会为其提供支援成为当时社会关注的焦点。

尽管安部修仁认为"只有我们能为他们提供帮助"，但最终"管

第七章 真实的堤清二

财人"的宝座还是被食品生产企业加特吉夺走。安部修仁认为，之所以会出现这种结果，主要是因为SAISON集团的高层管理者过于忌惮堤清二的想法，导致SAISON集团行动的速度慢了一步。

安部修仁说他"后来听说堤清二对支援京樽是赞成的"，但SAISON集团的高层管理者一开始却认为"堤清二应该并不赞成支援京樽"。

当时堤清二在形式上已经退出了经营一线，但他对SAISON集团的经营工作仍然拥有巨大的影响力。这种模棱两可的状态给SAISON集团的经营工作造成了非常不好的影响。

加特吉当时的高层管理者后来透露，他们已经想到SAISON集团的吉野家会提出支援京樽的申请，但他们"预计SAISON集团内部对于这件事肯定需要一些时间来进行协调，所以就抢先一步，取得胜利"。

虽然加特吉在支援京樽的争夺战中取得了完胜，但他们缺乏重组餐饮企业的经验，迟迟没能制订出行之有效的重建计划。1999年，吉野家成为京樽的支援企业，安部修仁作为"管财人"成功地使京樽起死回生。虽然安部修仁终于实现了自己的梦想，但这也让他深刻认识到SAISON集团的弱点。

在安部修仁看来，这种个人崇拜的组织文化，完全是由堤清二自己造成的。他说："这种让周围人揣摩自己心思的DNA，或许是堤清二从父亲堤康次郎那里继承下来的。虽然堤清二知道不应该这样，却又无法摆脱这种感觉，两种极端的要素同时存在于他的身上，这使他具有一种近乎自虐的矛盾性。"

对血缘的复杂心理

笔名为辻井乔的堤清二在自传体小说《在彷徨的季节》中，描写了主人公复杂曲折的人生经历。这篇小说的开头这样描写："我在成长的过程中所受到的侮辱和蔑视，或许是人类不得不感受的痛苦之一。"

因为自己的母亲并非正室而使他在童年时产生了强烈的自卑感，再加上对父亲的叛逆心理，使他有这种感受。虽然在东京大学就读时加入了日本共产党，他却这样写道："我的朋友觉得我是不缺零花钱的那种人，所以总让我请客。"

堤清二的父亲堤康次郎无论是在家还是在西武集团，都表现出一种权威主义的态度。虽然堤清二提出了截然不同的价值观与其进行对抗，但他的身上毕竟流淌着堤家的血。他的内心之中毫无疑问存在着无法反抗父亲的复杂一面。

在《后消费社会的未来》中，堤清二说："我原本是为了反对有权威的人才揭竿而起的，结果自己却成了有权威的人，这真有点儿自我矛盾呢。"

从自我矛盾的角度上来说，第五章中提到的围绕西武集团经营权的裁决，也反映出堤清二复杂的心境。

一直渴望从封建的家族制度中得到自由的堤清二，到了晚年却为了维护堤家的威信，提出自己应当拥有西武集团经营者的相关权利。

2004年，西武集团的领导者堤义明下台，银行出身的后藤高志等人组成管理团队积极地推动西武集团重组。堤清二和堤犹二等人以创始人家族的身份提出诉讼，结果却以失败告终。

由此可见，堤清二在晚年对血缘和亲情有了新的认识。

据说堤清二在70岁的时候曾经对身边的人说："我似乎有些理解父亲的心情了……以前我那样反对他，父亲一定也很难过。"

第三节 堤清二留下的信息

"虽然如今我们面临非常痛苦的状况，但我们要不要一起再做些什么？"大荣的创始人中内功在晚年曾经给堤清二送来这样一封信。据堤清二身边的人透露，这封信是用毛笔书写的，内容很长。

因为巨额负债和主业亏损，大荣也在20世纪90年代后半段出现了严重的经营问题。中内功于2000年辞去会长职务，又于2001年辞去了董事职务。

信里所说的"痛苦",指的是自己费尽心血创立的商业帝国分崩离析,而自己又被银行追究债务责任的屈辱。当时,堤清二的处境也和中内功相差无几。

SAISON集团旗下的不动产公司西洋环境开发在2000年破产,堤清二承担了全部的责任,并拿出大约100亿日元的个人财产来偿还债务。同时,他辞去了自己在集团之中的职务。

这两位商业巨擘都是开拓零售行业的先驱者。堤清二比中内功年轻5岁。当时,两人都已经超过70岁了,在泡沫经济崩溃后为了重建事业而苦苦挣扎。

从中内功的信中可以看出,他仍然有他勇往直前的信念。或许他想和曾经的竞争对手联起手来东山再起,报一箭之仇。或许他认为堤清二也和他一样,心中充满了不甘和悔恨。

在中内功去世时,堤清二在《日经商务周刊》上这样写道:"在评价一个经营者的价值时,要看他给社会带来了什么全新的价值。从这个意义上来说,中内功带来的价值非常大。"

因为大荣的攻势而焦躁不安

堤清二和中内功曾经展开过激烈的竞争。"好像杂牌军一样从不按套路出牌的大荣所采取的猛烈攻势,总是让堤清二感到焦躁不安。"安森健这样说道。大荣总是和SAISON集团进行正面对抗。比如20世纪60年代,创立于关西的大荣开始向首都圈发起进攻。在东京赤羽，大荣在西友附近开设了一家店铺，用低价策略展开竞争，这就是著名的"赤羽战争"。

20世纪80年代前半段，围绕与札幌老牌百货"五番馆"的合作问题，大荣虽然抢占了先机，但西武百货后来居上赢得了最终胜利。

大荣在店铺、销售等方方面面都比西友略胜一筹，但20世纪80年代西友推出了"无印良品"，大荣却毫无办法。尽管大荣也推出了自己的自有品牌"爱着仕样"，同样销售服装和杂货，但知名度完全无法与无印良品相比。

无印良品的成功，离不开堤清二的坚持。"我作为经营者最大的价值就是创造了无印良品。" 堤清二在晚年曾经这样说。在其开创的无数事业之中，无印良品绝对是最特殊的一个。

堤清二希望通过事业实现什么理想呢？通过对他开创的事业进行比较，我们可以更加鲜明且立体地找出答案。

"人类逻辑"的功与过

中内功认为，有必要通过零售革命"将价格决定权从生产企业手中夺过来"。他提出"消费者主权"的概念，意图创造一个让消费者能够以低廉的价格购买优质商品的社会。在当时，从家电到日用品，几乎所有商品的价格都是由生产企业决定的。因此，中内功提出的理念得到了广大消费者的支持。

堤清二提出的零售产业论，则是位于"资本逻辑"与"人类逻辑"之间的"边缘产业论"。从这个角度考虑的话，就会对"消费"提出完全不同的见解。堤清二的理想是通过零售业，实现大众在生活上的"自由"。这里所说的"大众"与其说是消费者，不如说是民主主义社会中的"市民"。

绝大多数以发展壮大为目标的零售业者，都会为了市场份额的不断增长而积极地采用连锁经营的运营模式。正如第六章阐述的那样，这种理念的指导思想就是以中内功为代表的"零售革命"。中内功在总结自己经营理念的著作《我的廉价销售哲学》中写道："零售革命的目标是将决定价格的权力从生产企业的手中转移到零售行业的手中……现在，日本国内决定价格的权力完全由生产者掌控。"中内功认为，如果不打破这一现状，就无法实现"消费者拥有主权的社会"，因此"廉价销售"绝对是正确的。

为了使革命取得成功，"必须将销售力量集中起来"，通过大量开设综合超市和收购其他企业，大荣迅速地提高了自己的市场份额。

正如中内功所言，零售行业要想成功实现革命，就必须实现工业化和现代化。因此，以业务手册为基础的连锁经营必不可少。但其中也存在着问题，那就是本应维护消费者权益的零售行业，为了追求效率而越发忽视地区性和消费者需求的个性化差异。

堤清二指出了"零售革命"存在的问题："如果让所有的消费者都维持相同的生活方式，那和第二次世界大战时的《日本物资统制令》以及《日本国家总动员法》有什么区别呢？"

堤清二出生于1927年，在战争中度过了青春期。这番话从他的嘴里说出来，更能传达出他对"统制"的厌恶之情。因此，堤清二才一直追求不受政府管制制度束缚的自由和充实的精神世界。

比堤清二年长5岁的中内功曾经参加过入侵菲律宾的战争，有过极度饥饿的经历。因此，中内功的大荣总是追求让商品量大价廉，这是自然而然的。

他们两个人的理念都没有错。SAISON集团和大荣，就是两位企业家将自己的亲身经历转变为理想并不断追求的结果。

堤清二认为：商品除了提供中内功提出的廉价等能够以数字化的形式表现的价值之外，还应该重视个人的感情。他率先意识到，"消费者追求的生活目标已经从之前单纯的'物质充足'转为'精神充足'。"

堤清二在距今约40年前就已经提出了"内容消费"的重要性。堤清二提出的"边缘产业论"虽然对于经营者来说过于理想主义，但他非常认真地通过创办事业将其具体化。这就是SAISON集团的个性，也是其选择与奉行"廉价主义"的大荣向不同方向前进的原动力。

虽然无印良品也提出了"便宜得有理由"的口号，但与廉价的商品相比，无印良品为消费者提供的是"用没有浪费的简约商品使生活更加幸福"的生活方式。现代零售业反复强调的"提供生活方式"的源头就在于此。

此外，堤清二还将SAISON文化巧妙地融入西武百货和PARCO等零售事业之中，为大众提供丰富的精神食粮。SAISON集团打破了物资匮乏年代将必要的物资高效地提供给国民的零售行业的框架，提出了全新的零售产业的理念。这就是堤清二留在历史上的伟大足迹。

SAISON集团带来的冲击，不仅停留在零售行业和产业界，更给当时的社会造成了巨大的影响。这正是与昭和时代其他的优秀经营者相比，堤清二突出的地方。堤清二与SAISON集团让曾经只属于富裕阶级的"文化"走入社会大众的生活。

堤清二是现代音乐家武满彻和作家安部公房的赞助人。他还积极修建剧院和美术馆，发掘优秀的艺术人才，并将他们的艺术作品向全社会推广。除此之外，他凭借崭新的创意不断地开创新事业，通过与众不同的广告不断地给消费者带来惊喜。这些都作为SAISON集团传达的全新价值观，深深地根植于广大消费者的内心之中。

"一直走在钢丝上"

堤清二在晚年一直担心市场经济会失去控制，2008年爆发的雷曼危机印证了他的观点。如今的投资者更加关注企业对社会的贡献等不在财务数字上体现出来的价值，并且以此作为选择投资对象的标准之一。

人们重视企业家通过事业向社会传达的信息、拥有自己的经营哲学。堤清二拥有的特质，正是容易被许多经营者忽略的。

在《变革的透视图》的后记中，堤清二提出：虽然零售行业经常被称为"暗黑大陆"，但其中也蕴藏着希望的种子。他写道："仅凭资本逻辑难以把握（零售行业的）本质，从这个意义上来说，只用'暗黑'来对零售行业进行评价是片面的。"

没有明确界限的消费相关产业，也是少有人涉足的空白地带，因此有更多在其中开创崭新事业的机会，这就是堤清二的逆向思维方式。他的这种理念使一直被看低的零售行业的社会地位得到了极大提升，也吸引了诸多人才。SAISON集团在鼎盛时期拥有超过10万名员工。但在SAISON集团解体之后，堤清二说："很多员工失去了工作，而我无法为他们做任何事，我认为这是我所犯下的罪行之中最严重的。"不仅不动产和休闲娱乐等多元化事业遭遇失败，就连祖传的百货商店事业都没能保住，堤清二作为经营者的人生，可以说是毁誉参半。虽然他提出了"人类逻辑"，但许多员工因为SAISON集团的解体而流离失所。即便如此，堤清二仍然相信自己能够通过事业为世间创造出全新的价值。继承了堤清二理念的人才，如今仍然奋战在诸多行业和企业之中。

他以作家辻井乔的身份，在最后的诗集《关于死亡》之中这样写道：

我一直走在钢丝上，

与地面相比，这里对我来说更加安全。

他从不自我满足，一直坚持努力向前。或许他的先见性也并不是与生俱来的，而是这种坚持走在钢丝上的执着精神催生出来的。作为跨越了昭和时代与平成时代的经营者，堤清二在日本商业史上留下的足迹绝不会轻易消失。

令人捉摸不透的另类经营者

堤清二作为企业家，在昭和时代奋斗了大约30年，在平成时代奋斗了10年左右。虽然他的知名度很高，但他的本质让人非常难以捉摸。其中一个原因是围绕"堤家"的"血缘"问题总是会被拿出来讨论。

还有很多人因为堤清二在SAISON文化鼎盛时期和泡沫经济崩溃后为了收拾残局而疲于奔命时期给人留下的印象差距过大，而将其看作是"泡沫经济的谎言之花"。

因此，一直以来，人们都很难以客观的视角对堤清二进行评价。但经过时间的沉淀之后，如今我们更容易看清堤清二的本质。

堤清二是一个矛盾的集合体。他出生于大资本家家庭，并走上了企业经营者的道路，但提出了超越"资本逻辑"的"人类逻辑"。他是高端品牌的传教士，却创造了否定品牌的"无印良品"。类似这样的例子数不胜数。

堤清二并没有选择草率地解决自己内心之中的矛盾纠葛，而选择与矛盾共存，堪称是超越了悖论的企业家。在拒绝草率妥协与坚持自我否定的同时不断前行，他的这种人生态度，也可以让生活在现代的我们获益良多。

堤清二绝非一个功成名就的经营者。虽然他成功地创建了商业帝国SAISON集团，但最后亲历了SAISON集团解体的命运。

即便如此，堤清二为了找出"人类真正的幸福是什么"这个问题的答案，以SAISON集团为实验室进行了诸多实验，给我们留下了宝贵的经验。

如今，崭新的科技陆续出现，人们理想中的生活方式也逐渐发生改变。从今往后，我们只能自己思考人生的意义和什么是幸福。国家、社会、企业都无法告诉我们这个问题的"答案"。

在这个时候，堤清二传达给我们的诸多信息，必将给我们提供非常宝贵的启示。

一位老人去世，就像是一座图书馆消失。堤清二作为经营者的人生，绝对不是一个成功的故事。但也正因为如此，他人生的图书馆中包含着许多能够帮助我们理解成功与失败本质的知识。

堤清二遗留下来的信息让我们重新思考。

真正的富裕是什么？

对我们来说，劳动是什么？自由是什么？幸福是什么？

后　记

　　2008年9月15日，美国大型证券公司雷曼兄弟破产。如果堤清二还活着的话，在雷曼危机爆发10多年之后的今天，肯定会对深陷混沌之中的世界局势和日本未来的发展方向积极地进言献策。

　　堤清二对现在的情况会有怎样的思考呢？现代人因为雷曼危机而动摇的价值观以及对未来的迷茫感，一定会是他最为关注的内容。他也会正面面对如今无论是企业还是个人都充满闭塞感的日本社会的现状。

　　以美国为中心的全球化金融资本主义在疯狂扩张之后终于因为雷曼危机的爆发而转为沉寂。其带来的巨大影响，除了使全球金融市场混乱和各国经济低迷之外，还使贫富差距进一步扩大，加深了世界人民之间的隔阂。

　　自从美苏冷战结束之后，全世界对自由主义经济一直持乐观和信赖的态度，但雷曼危机摧毁了这一切。

　　现在的问题在于，当自由主义经济失去作用之后，人们没能找到能够取而代之的新理论。不仅如此，美国总统特朗普提出的保护主义在世界范围内大行其道。

但企业可以通过经营活动给世界带来全新的改变。在当今时代，企业必须改变之前那种只顾追求短期利益的经营模式，企业家应该认真思考，通过自己的事业能够给社会提供什么价值。

我们为什么要开展这项事业？我们的企业能够给社会提供什么价值？企业经营者不但要拥有优秀的经营能力，还要拥有为社会做出贡献的理念。

从这个角度来看，堤清二具备了这些特质。为了与"资本逻辑"越发强盛的世界进行对抗，他提出了"人类逻辑"，并将其作为自己毕生的事业为之奋斗。

正如本书中描述的那样，堤清二的理念总是领先于时代的。他冒着风险追求理想，但遭遇了许多挫折和失败。尽管如此，这种精神也成为他不断开创事业的原动力，为日本人消费生活的进步和文化的发展做出了巨大贡献。

如今，越来越多全球化企业的经营者开始意识到"理念"和"思想"的重要性。因为在现在这个传统价值观被动摇的时代，只有坚定的理念才能作为企业的核心，使企业上下产生凝聚力，仅凭高工资是难以吸引真正优秀的人才的。

自己开创的事业，能够给社会带来什么价值？能够给谁带来幸福？如果企业今后不能传递出这样的信号，就会失去消费者的信赖。

企业提出的理念和信息，将直接在商品和服务上表现出来，塑造企业独特的个性，这是竞争对手无法模仿的优势。

日本的产业界之所以充满闭塞感，或许是因为拥有这种个性的

后记

企业和经营者正在不断减少。

"商品很难卖出去""难以生产出热门商品",这是困扰很多企业的烦恼。造成这种现象的因素可能有很多。但我最近意识到,或许造成这种现象的原因是企业"太想把商品卖出去",结果反而卖不出去。

即便利用数据对市场进行分析、把握顾客的需求,也无法生产出能够感动消费者的商品。如果同行业的其他企业也采取同样追求经济合理性的行动,那么最终的结果就是所有企业提供的商品和服务严重同质化。与之形成鲜明对比的,则是本书第一章介绍的无印良品。无印良品将堤清二的理念在生活中以具体的形式表现出来,也就是以实现"感觉良好的生活"为目标。对理念执着地追求成为无印良品的企业文化,在无形中支撑着良品计划的稳健发展和业绩提升。

无印良品于1989年从西友独立出来成为良品计划,那是平成元年。从日本经济发展的角度来看,平成时代绝对称不上是好时代。因为自从进入平成时代之后,泡沫经济就崩溃了,日本的经济陷入长期不景气之中。偏偏在这样的时代,良品计划却实现了持续增长,这实在是非常耐人寻味的。

然而,现在几乎没有人提到,良品计划之所以能够取得如此惊人的业绩,其根源在于堤清二的理念。这也正是我创作本书的理由之一。

堤清二已经成为历史，但他的思想直到现在仍然流淌在良品计划的血液之中。现在的经营者也总是能够从这个本源中获得新的启示。当意识到这个事实后，我感到非常惊讶。

堤清二作为经营者，拥有深邃的思想和广阔的构想。但与之相对，他在经营工作上也存在许多缺点。他很擅长凭借独特的创意开展新事业，却不擅长通过事业稳定地获取利润，也就是缺乏持续力。他允许SAISON集团旗下的各家企业自由地发挥自己的创意，虽然这样做诞生出了诸多独特的事业，但也使得SAISON集团向心力不强。

作为一个矛盾的集合体，堤清二在向成功冲刺时，或许也注定了失败的命运。

每个人都有优点和缺点、功与过、光与影，每个人都拥有两面性。只能说有的人的个性刚好与时代相符，有的人则相反。

在泡沫经济崩溃后，SAISON集团陷入困境，最终解体，这是不容否认的事实，堤清二也为此付出了巨大的代价。但堤清二也为日本社会贡献了全新的经营理念，以独一无二的方式将自己的名字刻在商业史上。

堤清二用毕生的努力传递出来的信息，一定能够为正在探索全新生活方式的我们提供许多宝贵的启示。这也正是回顾历史的意义。

在SAISON集团发展壮大的过程中，堤清二培养了数不清的人

后记

才。本书中出现的诸多SAISON集团的人士就是最好的证明。在采访过程中,他们都坦率地表达出自己对曾经的SAISON集团的领军人物的看法,但没有一个人对堤清二的评价是只有赞颂的。他们很怀念与堤清二的关系,但也能够从客观的视角陈述事实。每个人对SAISON集团和自己从事的工作都拥有非常正确的历史观,这一点让我深受触动。

堤清二从不要求员工服从命令,而让他们用自己的头脑进行思考。因此,SAISON集团培养出了许多有个性的人才。我采访的与SAISON集团相关的人士,之所以能够用准确且翔实的语言为我描述关于SAISON集团的历史,从某种意义上来说,也是一种必然。

* * *

本书能够顺利出版,离不开众多SAISON集团旗下企业的高层管理者、与堤清二有过接触的人士,以及堤家族提供的帮助。在本书的最后,我向上述诸位表示最衷心的感谢。

本书既是关于堤清二的故事,也是诸多SAISON集团相关人士的奋斗历史。

在曾经的价值观失去作用的时代,如果本书能够给我们的未来带来哪怕一丝的光明,就将是我最大的荣幸。

铃木哲也

219